U0550049

雜誌出版
CommonWealth
Mag. Publishing

親密搶奪

誰在拿走你的錢

特留分、長照負擔、離婚賠償，23種人性金錢戰與法律應對之道，有規劃才能守住錢、愛無傷

李永然｜高愛倫 著

目次

Part 2

未雨綢繆篇

——關於意定監護、預立醫療決定、保險規劃的安與危

Part 3

情斷難離篇

——關於離婚協議、配偶剩餘財產差額分配請求的願與怨

推薦序

此處無狀，人性而已

陳文茜　《文茜的世界周報》主持人、作家

愛如果深厚，行動必定端重。

但這是塞萬提斯在《唐吉訶德》中的句子。

在傳統的儒家文化中，最深的愛，是親情之愛。

透過儒教建立的社會關係，親情如唐吉訶德，一個不可能的溫情，平時框撐著我們，痛時壓下了我們的真實感受。

一個「孝」字，如一條白色的勒巾，死了還勒著你。

自幼學習的讀物。「父親是背影」，學唱的兒歌，「母親如月亮，慈母手中線」，伴隨我們長大。

直到親情有的時候不得不以「真實」的面貌，刺向妳。

你欲哭無淚，你想嚎淘大吼，但怎麼說，都叫「手足」，都是一家子的人。一個大寶蓋宀，有時候是遮擋風雨，有時候何嘗不是壓迫呢？

即使走入二十一世紀，我們仍有出色的作家，如此美好的看著家人的離去，「我們只能目送。慢慢地放手。」

「我慢慢地、慢慢地了解到，所謂父女母子一場，只不過意味著，你和他的緣分就是今生今世不斷地在目送他的背影漸行漸遠。你站立在小路的這一端，看著他逐漸消失在小路轉彎的地方，而且，他用背影默默告訴你：不必追。」

相反的我們對愛情的態度銳利多了，婚前協議，財產分別制……我們知道它不是血緣，對這樣的感情，我們的腦袋清醒多了。

愛情能持久：多半是因為兩人有一種「互利」的基礎。沒有「互利」的關係，愛情是不會持久的。

親情呢？

它或許不完全依靠互利，但當利益來敲門時，親情也會脆弱不堪。

可是除了親情外，我們的社會網絡，別無其他的依靠。

儘管撕裂的親情，比比皆是。

於是我們選擇盲目，選擇逃避。好運的，可以在儒教帝國保護下，好好走完這一生。

因利益、金錢、遺產風波產生的訴訟，在家事法院天天召開。

法庭外，親愛的家人，攜手走過。彷彿法庭室內的爭吵，全是中了邪的東西。

不必理會。

直到有一天，應該光彩奪目的親情，變成好像從天而降的暴風驟雨，橫掃人生，震撼人心，像狂風掃落葉一般，把人的意志連根拔起，把心靈投入萬丈深淵。

你用一雙真誠的眼睛哭泣，但覺得命運不該讓你為此受苦。

我從很久以前，即常常熟背楊絳對人性的敘事。歷經文革的她，看盡人性、親情，她是如此說的吧：

如果你和一個人的利益是一致的，他可能是善良的。

如果你和一個人的利益是無關的，他可能是平和但自私的。

但如果你和同一個人突然利益變成是矛盾的，你可能不得不接受他是惡毒的。

第一次見到愛倫，忘不了她的白髮及滿身的色彩。她的世界是來調色歡樂的，她的熱情是來投入她愛及愛她的家人。

她深信不移。

她沒有穿過儒教長袍，儒教卻早已滲入她的血液。

親情或許比愛情深，或許正因為道德的綁架，它的深是綑綁，是傷痕，是拆不掉的身體的一部分。

它比人性複雜，扭曲，有時候也更光輝，動人。

但你們的利益，不可以是矛盾的。

愛情比不上一個鴿子蛋鑽戒，親情呢？比不上一份人人都想得到的豐厚遺產。

祝愛倫幸福。此處若有狀，人性而已。

里爾克的詩句：在波湧中安居，在時間裡不刻意擁有家，打開自己。守護好自己的邊界和能量。

推薦序

真愛需要「安排」，親情需要一本法律保障書

蔡詩萍　作家、台北市文化局長

不熟法律，但懂人情世故的資深媒體人；很懂法律，但看盡不懂法律者陷落人情世故陷阱的大律師；兩人聯手，寫出了這本可以感嘆，可以深思，可以參閱的好書。

法律之前人人平等。

不懂法律的人，常常這樣以為。

不能說錯，但常常與事實不符。

畢竟，懂法律的人，會明白：知道「權利訣竅」的人，要比不懂的人，贏得「更多平等」的權利！

聽起來，是不是很 tricky（弔詭）呢！

而事實上，這本書裡，舉出的案例，全都是真實人生日日上映的戲碼。

我相信，兩位作者確實是有感而發，因而決定要聯手合作，幫助一般民眾好好「生前拆彈」的，拆掉「身後」可能的未爆彈。

資深媒體人高愛倫退而不休，寫了好幾本暢銷好看的書，閱歷多了人情世故，她反倒回到源頭，想用文字的鋪陳，去提醒世人：「善良」本身不壞，但在人情世故上，未必都有好報。有時，多斟酌一些，對「人性複雜」多一些防備，或許對自己，對自己鍾愛的人，以及與週遭親人的未來關係，還是好事一樁也說不定。

資深的大律師李永然始終以法律為職志，出版過不少深入淺出的法律著作，在法庭上，在訴訟案件裡，肯定也閱歷過太多「真心換絕情」的案例。但他能一本法律人的初衷，跟資深媒體人合作，希望能以「基本法律常識」，幫助讀者做出「更有智慧的」安排，而目的仍是讓親人間減少對立，多些和平。

我之所以用「tricky」這個英文字，乃因我們往往都以為：親人嘛，有愛就好；親人嘛，關鍵時刻彼此看在親情上，顧及昔日感情，有什麼好爭得臉紅脖子粗？有什麼好形同陌路的呢？

可是，無論是從新聞媒體所報導的豪門爭產，還是這本書裡，所描述的一般民眾如你我，可能陷入的親情迷思、親情陷阱，都在在說明了：如果你有一些法律的常識，如果你願意不嫌麻煩的，在健康時早做一些規劃，在身後不想你摯愛的人遭受親情變臉的損失，那麼「善用法律制度」，「為自己也為家人預作安排」，絕對才是「為了親情好」而最該做的事！

高愛倫是我以前媒體工作年代的老同事，李永然是我與許多朋友共同的老朋友，我們都在人生舞台上，職場經歷上，看了太多太多的故事，此時此刻，是我們反饋自己，可以對這些故事提供答案參照的最佳時刻。

我自己是這樣想，也這樣努力的嘗試著。很高興看見「我的老朋友們」也都在做這類的事。

歲月悠悠，我們都希望日子靜好。然而，什麼都不想得深遠些，什麼都不稍稍積極些，那「歲月靜好」這樣的期待，也許根本是奢望！

這本書裡，都是前人「走過路過痛過」的心得，但確實可以為你，為每一位打開這本書的讀者，「披荊斬棘，開出花路」。

推薦序

為親密關係留有餘地，也讓你的善良不再唏噓

洪培芸　臨床心理師、作家

常言道，「法律是保障知道法律的人」，那麼心理學就是用來幫助深度理解人性的人。

《親密搶奪，誰在拿走你的錢？》是一本驚世震撼教育的必讀之書。今年四月我剛從有「幸福國度」之稱的不丹旅行回來，當地的簡單純樸讓我印象深

刻；對比愛倫姐新書中的諸多故事，金錢對於人性的考驗，其中的複雜、狡詐與貪婪讓人心寒，也彷若天壤之別。理解人心的多變、可能的黑暗面不是要你開始對所有人樹起防衛，而是提早做好心理建設、財務規劃，千萬不要成為一隻把肚皮露出來給大野狼的小白兔。

「所有的不可能本來就慣性發生在信任的關係」是本書中讓我心有戚戚焉、感慨萬千的其中一句話。所有在親近關係中遭遇背叛的人，都在心中無數次飄過這句話，「怎麼可能？！他怎麼會是如此自私、無良的人？」心理治療工作時，不時會遇到有個案正好面臨訴訟的議題，其中的反覆煎熬與痛苦自然是不在話下，也成為心理治療的內容之一。多數人包含我自己都堪稱法律小白，一生沒遇到訴訟最好，一旦面臨訴訟相關的情境，不只被狠狠扒掉一層皮，也踏碎了一地的心，往後的修補曠日費時，甚至還不一定修得回去。

沒有人在結婚當下就體認到未來可能會離婚，並做好相關準備。即使現在的感情再好，你永遠都要有隨時可能離婚的認知。婚姻時常在不知不覺中，削減一個人的風險意識、獨立生活及全方位活好的能力。不履行離婚協議的狀況並不罕見，別忘了約定「懲罰性違約金」，還有和平協議離婚未滿兩年，卻倒打一耙的「夫妻剩餘財產差額分配請求權」，離婚已經夠折磨人了！透過本書提早具備法律素養，尤其在必要時，能即早尋求專業、認真又用心的律師協助你走過極痛苦的這一程。

對於高齡者來說，預立醫療決定、意定監護一定要提前做好，尤其是在人清醒、尚未失智時。對於中壯年族群，提前看懂金錢利益對於重要關係人的考驗、關係最壞的可能劇本，才不會活得好傻好天真，賠上自己的後半生。

情與義的背叛，往往最讓人心痛。別讓親密關係中的金錢糾紛成為餘生的夢魘。現代的人真是不容易，不只要防止地面師這樣的外部詐欺，也要慎防「自己人」的背叛與突襲，是活好一生的必備知識。（編按：地面師，利用偽造文書、冒用身分，以騙取土地或房產進行詐騙的人。）

邁入中年的我益發體會到一件事，活得越久，光怪陸離的事就有可能發生更多。身邊的人變了，損傷的不只是信任與情誼，還有後半生仰賴的各種資產。對人性的風險管理，才有長久關係的維持。

本書的閱讀與使用方法，是請你提早「換位思考」，試著帶入故事中的角色，哪些可能是你的未來處境，接著細讀後續的李律師解析。法律用語或許艱深難懂，對我來說也是，所以多讀幾次是必須。不要逃避，為你的關係預留餘地，也讓你的善良不再唏噓。

保護自己的資產是不容逃避的責任。別讓你的心軟、善良及「合理化」心理機制，有朝一日來反噬你自己。

不再書到用時方恨少。提升保護自己的能力，具備守護資產的遠見，尤其是擁有理解人性及不被金融剝削的智慧。

作者序

用我們的走過路過痛過，為你披荊斬棘、開出花路

高愛倫

這本書，寫的既慎重又沉重。

高齡社會掀起財產重新分配的極大波動。

本以為這只是老人們大人們的困難境遇，接觸了才知道，攪進財產漩渦、遺產風暴、特留分之怒的年齡層太廣。

採樣五十個對象，篩選不重複的二十多個真實故事，每個案例受害人都是

血淚斑斑，足以引戒。

因為不懂法律，其中很多情節，真的會出現當局者迷旁觀者清的荒謬，過程裡，有時我會忍不住脫口而出：你腦袋壞了嗎？

為了保護當事人的寧靜，背景盡量柔焦模糊，透過他們的遭遇，讓法律知識淺薄的人們，及早知道自己是否陷入相同的危機？能有多少機會修復損傷？

我是一個不懂法律的人，要寫一本跟法律有關的書，的確有點自不量力，所以我只選擇個人擅長的部分，透過傾聽、同理心，以帶入感的敘事方式，簡述與陳述事件，幫助讀者從故事裡看到自己可能也正在經歷的事。

我真心覺得，這是我為人喉舌的一次機會，並試著讓一些人間真相在形成新聞事件、法律糾紛之前，還能來得及獲得拆雷避險的警覺。

至於我不擅長的部分，當然是交給專業。

這本書的另一位作者——李永然律師，是我任職報社時的法律顧問，在法律層面，我是無知一方，他是有智之師，我們合著此書目的相同：要為受苦的家事案例當事人找到可行依據。

我相信很多市井小民都迫切需要法律進修。藉由文字，李律師對個案當事人，進行補救援救搶救的專業指導，為受困者開闢解惑解套解鎖路徑。

著手寫作之後，我感覺到李律師有些為難，因為很多當事人的法律認知過度薄弱，單篇案例裡難免出現矛盾跟不合邏輯的行為情節，他都不好意思修改……。

我敬覆李律師：這些尋常人家照事實陳述的故事，就是需要請李律師在增述中直接指出錯誤。所有案例，不都是因為無知才掉進錯誤的陷阱？這些無知（都是根據事實），讓律師的解析顯得格外重要。這本書期待完成的社會責任，就是「協助或糾正個案當事人迷途知返與及時停損」。

我明白李律師的顧忌，特別又特別的強調：李律師，不要擔心你的專業知識會反駁到故事情節，這不是形成對立，這是對不懂法律者必要的醍醐灌頂。

這本書的責任編輯何靜芬已編我第三本書，她很靈巧的理解每一篇文章的用意，並對李律師提出建議：「先簡答一般人對法律邏輯不通的真實問題」，「再詳答一般人應該具備的法律知識」，立刻點通我和李律師在同一個故事裡相互映照的默契。

我一生歌頌婚姻倫理，更崇仰家庭倫理，我也相信善良的人多想想自己安危，跟這兩項倫理並沒有矛盾與牴觸。

引述《西遊記》第二回：「你這潑猴，十分無狀！師父傳你道法，如何不學，卻與師父頂嘴？」

此處無狀，意旨放肆無禮，傲慢粗魯。

更甚二例，《漢書．卷四八．賈誼傳》：「自傷為傅無狀，常哭泣。」《漢武故事》：「今繼母無狀，手殺其父，則下手之日，母恩絕矣。」

此處無狀，意旨不肖、非善。

是以，以「無狀」形容的事物態勢與人物態度，多為負面評價。

如果一個人的遺產由無狀之人繼承，誰願意這樣所託非人？誰甘心用遺愛換來遺害？

如果親你愛你疼你卻偏偏因為不是「法定繼承人」，以致該得到遺澤的對象，卻成為苦無資格的人，這樣的遺憾能不提早預防嗎？

相信以上都不是一個被繼承人甘願的結局。

那麼，「善選對象留遺愛」「擺脫無狀避遺害」之重要，豈能不提前準備或防備？

富翁們有專業律師團隊處理龐大產業的信託與分配，但他們的標準，並不是萬家燈火的標準。他們動輒百億身家，動輒數千萬遺產稅，讓跟著新聞學知識的老百姓陷入迷思……。

你屬於大富？中富？還是小康？一般家庭夠瞭解自己的財富處境嗎？我們必須先釐清完整的財務狀態，才能對遺產稅、遺產分配，安置不同安全設定的適當選擇。

親情風險，不像衛星雲圖預測颱風那麼準確，從自立自主到貧病交迫，除了是命運使然，更多的可能是人為因素。因為不親不愛，因為有貪有奪，傳承的美德美意，讓所有的捨得，轉念為如履薄冰的三思後行，我們在不想被不公平對待時，能不能也反思如何約束自己不生妄念？

這本書之初，是為呼籲「預立遺囑」、「瞭解特留分」、「借重信託與保險來保障自己財產」而寫，但是婚姻的戰爭，也件件令人稱奇，於是將前任現任的婚姻關係也納入書中；其實，所有問題追根結底都跟金錢有關，相形之下，我們主題沒有走偏，而是走寬了。

現在不管你遭遇什麼狀況，這本書都感同身受的提醒你：

明明是你自己的錢，為什麼你卻沒有支配權？

你自己的錢，又為什麼會被迫成為別人的錢？

作者序

在情感與利益之間，少一些對立，多一些和平

李永然

在我四十餘年的律師執業生涯裡，處理過各式各樣與家庭有關的法律紛爭，從企業大老闆的百億遺產風波，到尋常百姓家中剪不斷、理還亂的婚姻與繼承問題。不論身分地位如何，當婚姻、親情關係牽涉到金錢與法律時，其複雜程度往往出乎想像。

過去台灣社會家庭關係較為單純，多數人深受傳統習俗、親情倫理的影

響，甚少談及夫妻間的財產安排或往生後遺產的規劃，甚至將「預立遺囑」視為不吉利，加以避諱。這樣的觀念導致女性在婚姻關係中常處於弱勢地位，也讓不少手足間在繼承問題上爭吵不休，造成親情關係難以修復的裂痕。

而隨著時代變遷，即便在兩性地位已漸趨平等，「預立遺囑」的觀念逐漸為大眾所接受之今日，關於家庭間的糾紛仍未因此減少，反而因為離婚率不斷升高，單身族、頂客族越來越多，使得家庭法律問題變得更加複雜難解。

我在承辦家事案件的過程中，觀察到許多爭議的產生，除了親族間的感情不睦外，很多時候是因為民眾對相關的法律知識所知太少，甚至不知道該如何尋求專業的協助。

出於這樣的觀察，我一直希望能以律師的專業與經驗，讓更多人理解並善用法律，使民眾在事前即建立起基本的法律觀念與風險意識，進而減少紛爭的發生，並避免無謂的訴訟。

我與這本書的另一位作者高愛倫女士多年未見，蒙共同友人王美娜女士協助，因而重逢。當高愛倫女士向我提起共同撰寫一本結合家庭故事與法律解析的書籍時，我喜出望外。我們倆有一致的目標，就是希望透過文字能讓更多人瞭解相關的「實用」法律，這本書於焉誕生。

本書精選二十多個真實故實，由高愛倫女士以其細膩、深刻的筆觸，描繪出一則則家庭間的情感糾葛與現實難題。內容涵蓋夫妻關係中的衝突與背叛、親子關係間的矛盾與疏離、手足間因繼承所產生的爭執，以及許多家庭長者所面臨的晚年照護與財產安排問題。而我則從律師的法律實務經驗及法律規定的角度，針對每則故事所涉及的法律爭議進行解析，介紹相關的法律規定與實務見解，並提出相對應的解決對策，藉此協助讀者在面臨相似情境時，都能知道如何應對，而不致徬徨，甚至不要布錯局、走錯路。

我始終認為家庭中的法律糾紛，雖然多半牽涉「情感」與「利益」的糾葛，但透過妥善周延的事前規劃，是可以有效降低，甚至避免的。尤其台灣當前的離婚率高居不下，且已步入「超高齡社會」，如何善用現有的法律制度，包括約定夫妻財產制、借名登記、人壽保險安排、預立遺囑及預定醫療決定、安養信託、意定監護等，為自己與家人預作安排，是每個人都該正視的課題。

希望本書能為讀者建構關於家庭糾紛的基本法律知識，並幫助讀者在步入每個人生階段前，都能做出更有智慧的安排，讓親人間少一些對立，多一些和平，使我們的社會更加溫暖與和諧。

最後，誠摯感謝高愛倫女士的邀約及天下雜誌的出版，使我能在「普法」的道路上，更往前邁步。

可曾想過，
當老之將至，你的錢可能不再是你的錢？
當血濃於水的家人不再可愛，
立遺囑也無法迴避的特留分，會帶來多少額外的傷痛？
立意良善的贈與，為什麼不能只給居心善良的對象？

Part 1

人心難測篇

——關於特留分、贈與、遺囑的真與爭

01

丈夫驟逝，我為什麼要分財產給他兄弟？
認識應繼分、特留分的意義與不可違

用有限的籌碼，掌握逆境中的選擇權。
讓站在你對面的角色，變成你的盟友。
用等值的交換，引流沙漠裡的小綠洲，
看似海市蜃樓的景象，瞬間固若金湯。

「因為從來沒有人保護我，所以我的人生態度變得很簡單，不管你是誰，不管我有多愛你，我不會以『害怕拒絕』提供任何人傷害我的機會。」

小滿還是孩子的時候，就成為照顧妹妹弟弟的小母親。

爸爸早逝，媽媽沒有能力也沒有心意一肩承擔重任，經常在外談戀愛。

在小滿的幼小心靈，已經充分認知：親情不一定是與生俱來的深情。

不被愛，對她並不是艱困的起步，至少媽媽每星期給她五百元家庭伙食費，只要她心思計算得當，就能和兩個弟妹一起度過七天二十一頓早午晚餐。

她很會精確分配生活零用金，這樣，才能每餐有一點點菜肉拌飯，而不致總是醬油炒飯，她看起來微胖，實際上根本營養不良。

每個人的現在，都是過去的累積。

當小滿四十歲的時候，她回頭看每一件事，都確定自己是個不容易的人，她不容易氣餒、她不容易犯錯、她不容易忽略機會、她更不容易忘記「我只有我自己」。

一手帶大的弟弟妹妹，被她蓄意設計成等邊三角關係，他們都不喜歡談從前，因為實在沒有可以津津樂道的往事，以致彼此的距離與相處，並不像苦情劇的套路，認定難兄難弟一定格外相濡以沫。他們始終維持平靜無波的制約默契。

親情的存在，對小滿只是生命紀錄，沒有擱淺的暗傷，也沒有想要平反的委屈，她完成自己曾是姊姊的責任，從來沒有情勒的期待。

愛情是另一個生命的開始，她還是會熱烈全心擁抱，並因此放下非常專業的理財工作，飛到夫君移民的國度，演起餐廳闆娘角色。

結婚多年，她沒有懷孕，對於不孕這件事，他們雙雙都沒有明顯的在乎，也不打算尋找答案釐清責任，這是婚姻中沒有長輩存在所留下的自由空間。

妹妹的孩子要送到美國唸書、想讓孩子寄宿在小滿家，小滿思索數日，同意照顧，妹妹感激涕零，脫口而出：「那乾脆辦理收養，將來會好好孝順妳的。」

曾經孝順不愛自己的媽媽，現在的小滿，不覺得她需要得到別人孝順的承諾，她拒絕了，而且拒絕的非常不留餘地：「我還太年輕，我不想在這個年紀就安排繼承人。」

希望小滿收養自己的孩子，未必是妹妹在鋪排順理成章的繼承順位，但習慣穿著金剛罩預防變數的小滿，早就養成凡事都要排除可能出現陷阱的路徑。

她堅定不故作姿態，擺明不配合親人間視為理所當然的關係。勇於拒絕是一種誠實，她打算一輩子都不婉轉、不敷衍、不誤導手足胡思亂想彼此該有交換價值。

中年後的小滿夫妻更富裕了，他們世界旅行，他們擴大產業，膝下猶虛並不在他們的遺憾清單裡，只是夫妻間早已討論各種身後配置的細節，而且說好不讓其他手足預知誰將繼承什麼。

玉兔年，小滿夫妻回台灣度假的第一天，健壯先生高燒不退，院方顧慮有帶原傳染性疾病的可能，急診後就立刻安排住院；四十八小時之後，小滿失去了她的丈夫，不是染疫，不是心梗，院方與醫生的病情說明，夾帶很多專有名詞，小滿悲痛欲絕。

難以節哀，仍得順變。

小滿夫妻遠離台灣十多年，突然回到台灣、突然病逝、突然手足乍現、突然瞬間多出好幾個順位繼承人……。就算有遺囑，只因生故者沒有子嗣，受法令保障的特留分仍將侵犯小滿的庫房，何況還沒有遺囑，夫婿手足的法定繼承是比特留分比例更高的應繼分。

美國朋友聽聞台灣的特留分強制法，大驚失色，認為這簡直是硬搶豪奪的強盜行為，再聽說家事法庭極多特留分官司纏訟，很直覺的批判：兄弟姊妹不願意把遺產給你，你該羞愧問自己做了什麼，怎麼還好意思去搶人家的一生辛苦？

夫家手足的慰問，夾雜一些財務試探，小滿不正面回答，更不正面衝突，委婉的說事發突然，她需要整理連自己都不清楚的各項細目。

手足說他們可以拿身分證到國稅局申請財產清單，這個提議，等同兵臨城下，未亡人雖是合法的繼承人，現在卻要被迫接受全資產的百分之五十給其他大伯小叔？

命不該絕，財不該散；是晚，小滿發現一張夫婿開的禁止背書轉讓支票，抬頭赫見是小叔的名字，這真是從天而降的大面額談判籌碼，能有效運用嗎？

原來先生一直瞞著小滿，在自己的生意裡讓利兄弟，就憑這一點其來有自的善良，小滿覺得大伯小叔就萬萬不要吃相難看了吧？

小叔知道有自己抬頭支票的面額數字很大，這是需要取捨的選擇，於是他接受小滿暗示，同意居中協調，出面說服家族成員拋棄繼承，並於手足們同意拋棄繼承後，順應小滿心意完成法院公證，以杜絕反悔。

拋棄繼承確實成立後，小滿將先生生前開立的現金支票交給小叔。

小滿和小叔暗盤交易的默契，並不違法，小叔拿到他的分潤，小滿智取應繼分的退讓，皆大歡喜。

李律師解析

在這案例中要留意的重點是，無小孩的夫妻，其中一人離世時，會出現什麼人？多少人？與「配偶」共同「繼承」？

當被繼承人於生前沒有立下「有效遺囑」，就只能適用「法定繼承」；法定繼承人有先後四個順位，即：直系血親卑親屬→父母→兄弟姊妹→祖父母。配偶與之共同繼承。

就以小滿夫婦為例，兩人沒有孩子，假如小滿夫君的父母均亡，其有兄、弟各一人，小滿的夫君生前也沒有預立遺囑，則其死後遺產應由小滿及小滿夫君的兄、弟三人共同繼承。

從上述說明可知，如果已婚未生育子女或未婚，且父母均已往生，應思考提前安排未來遺產的處理，建議首重以下兩點：

一、**繼承發生時，如採用「法定繼承」，則各繼承人按其「應繼分」分配遺產**。
所謂「應繼分」是指繼承開始時，繼承人有二人以上共同繼承時，各繼承人應得遺產數額的比例；如果只有一人繼承時，則遺產全部由該繼承人獲得，而不發生遺產比例的問題[1]。

二、被繼承人如於生前有預先訂立有效遺囑時，雖**被繼承人享有「遺囑自由」**，可透過遺囑的方式對自己的財產預先做處分的安排，**但《民法》繼承篇仍限制有不得侵害「特留分」**。

到底何謂「特留分」？即被繼承人死亡後，依法應將一定的遺產給「法定繼承人」，該部分的遺產是被繼承人不得任意處分的。凡是「法定繼承人」，《民法》都有「特留分」的規定，即被繼承人按順序，各有特留分權；**「生存配偶」為當然順序的特留分權利人**[2]。

由上述可知，立遺囑人訂立遺囑時，應特別考慮「特留分」的問題。例如：在本案例中，當小滿夫君死亡，小滿將與其「大伯」、「小叔」三人共同繼承。**配偶的**應繼分是二分之一，兩位第三順位繼承人的應繼分則各四分之一。而第三順位繼承人的特留分，是應繼分的三分之一。若小滿夫君對某位兄弟（法定繼承人）特別「不喜歡」，在立遺囑時，便可用遺囑限制該繼承人僅得「特留分」。

瞭解上述問題後，在本案例中，小滿的夫君於生前開了一張「禁止背書轉讓支票」，抬頭是「小叔」的名字，在此小滿可先放心，該支票既尚未由「小叔」持有，小滿便可不必交付其小叔。

嗣後小滿利用支票與小叔談判，希望小叔的家族成員中具有繼承權者「拋棄繼承」；小叔如果要進行拋棄繼承，應寫「書狀」向管轄法院家事庭提出「拋棄繼承」的聲明，而且應於繼承發生後「三個月」[3]內拋棄，才有法律效力。

1 戴東雄著：繼承，頁32，2006年5月初版一刷，三民書局發行。

2 王國治著：遺囑，頁196，2006年5月初版一刷，三民書局發行。

3 《民法》第一一七四條：一、繼承人得拋棄其繼承權；二、前項拋棄，應於知悉其得繼承之時起三個月內，以書面向法院為之；三、拋棄繼承後，應以書面通知因其拋棄而應為繼承之人。但不能通知者，不在此限。

02

不婚不生，我的遺產只能自動流向坐享其成的姊妹嗎？

如何保障同居伴侶？無法迴避的特留分怎麼辦？

突然發現一直在暗中發生的破事，
可以哭著震驚，也要笑著清醒，
感謝天意指路，讓你恍然大悟。

離開婚姻之後，朋友陸續告知最近和她前夫有工作上的合作，阿惜聽了笑笑：「朋友各交各的。」她不幼稚，沒有期待任何人選邊表態情義相挺。

然而，同樣六個字，出自不同時空、不同對象、不同事件、不同引用者，卻把她瞬間炸進十八層地獄。

那天，她很尋常按電子密碼鎖進二姊慈禧家，坐在逆光處的客人看不出來是誰，阿惜還是習慣點頭問安。對方看她一眼，沒有回禮，繼續和阿惜的大姊秋勤聊天。

阿惜去廚房問慈禧：「那是誰啊？」

「啊？妳沒認出來？」阿惜這才知道廳中客是斷交多年的某人；阿惜沒有表情，沒有說話，更無挑釁意圖，慈禧卻光速揮手莫名其妙來一句：「朋友各交各的。」

親姊姊呀！這是在採取什麼類型的認知作戰？有必要擺出先發制人的強勢？逆光客完全不是重點，但是血親關係和人際關係，真的沒有情義差別界線？沒有人倫道義底線嗎？

阿惜旋即無言離開；走的時候，她的同父同母兩個親姊姊，沒有一個起身挽留。在外人面前演出這樣的滅親戲碼，阿惜覺得深受羞辱的不只是自己，還有天上的父母。

回到家，阿惜用五分鐘把兩分鐘的過程說給阿海聽，也簡述逆光客曾對自己造成傷害的黑暗事跡。

阿海問，姊姊們知道那些事嗎？

阿惜答，她們一向清楚。

自那日，阿惜每天歇斯底里爆哭。

這件事，有必要痛成這樣？是阿惜情緒管理太差？還是她太小題大作？對照阿惜的護家事例，或許可以理解她的崩潰與虛脫未必誇張。

慈禧的三個孩子，自零歲開始，阿惜就透過壓歲錢展開贈與，隨著他們的成年，兩個外甥女的訂婚桌次，阿惜全額買單，結婚時，禮金至少另備六位數。

外甥女初婚，阿惜把屋齡尚新的大廈房子削價幾百萬「賣」給她，繼用外甥名字轉購有前後院兩層二手屋。只因為爸爸曾經幫助自己安居，所以阿惜把幫助家人安居視為當然。

對秋勤移民國外的子女，在外甥結婚時賀禮一萬美金，在外甥女購屋時賀禮一萬美金，當秋勤說植牙一顆要七八萬捨不得時，阿惜立刻開即期票叮嚀她快去整頓牙齒。

晚輩之一婚姻受創離異時，親家方要求退還鑽戒，阿惜問明鑽石價格，毫不猶豫在第一時間堅定說：「鑽戒退還給他，小姨媽立刻補償妳這幾十萬。」不讓家人窩囊，是阿惜對待親情的不二態度。

阿惜退休時，節儉的她才跟慈禧閒聊，想賣掉里程數尚低的房車以節省養車開銷。外甥立刻來電說想買，但他只有十萬，阿惜當然不計較金額的同意了。

沒三個月，阿惜發現車子不在了？慈禧輕描淡寫「這車子有問題，賣了。」在這麼短時間把市價六七十萬的車轉賣三十幾萬，不該知會一下嗎？不該分潤一下嗎？阿惜略有不悅，也未多言。

阿惜都市華廈低價過戶給外甥，代書基於告知義務當面叮嚀：「低於市場行情一半，實價登錄會註明三等親交易，若日後轉賣，獲利稅金會很龐大。」簽約前兩天，慈禧說萬一兒子媳婦不可靠怎麼辦？最後，房屋持有人還是登記慈禧名字。連親娘都對親子有所保留，阿惜怎麼就對他們一家人那麼放心？

五十歲開始，阿惜為三個晚輩與秋勤夫妻開立帳戶，定存與金融商品的未來歸屬都各自分配定位，但兩年後，阿惜覺得保險壽險更重要，甚至可順勢幫他們傳承，就將所有金錢重新改置在保單上，她自己是要保人，姊姊們是受保人，第二代是受益人，阿惜忘了照顧自己，之後，也忘了照顧阿海。

從小爸爸就對她們姊妹說，「喜歡什麼都要靠自己能力去得到」、「世上最親的就是兄弟姊妹」，這兩個觀念影響阿惜至鉅，讓她一生沒有使用過父親以外任何人的錢，也相對造就她什麼都捨得主動給予家人。

她從沒有運用給予這件事來挾持家人或勒索親情，她總是讓她們寬心分享她的人生成果，否則慈禧不會很自然的說：「妳把要給我的東西都寫下來，萬一將來有什麼事，我總不能自己跟秋勤說，是妳說好都要給我的。」

慈禧的危機感可能是因為突然接到爸爸還有股票的通知，而秋勤這回有態度出現了。她表示過去是被動接受遺產分配，明顯不公，現在當以股票做對她的補償，阿惜不想介入紛爭，直接簽屬放棄股票繼承。

早先兄姊約定一起養老住透天，阿惜個人出資四百萬，又再把爸爸送她的套房賣了，這八百餘萬全額交託慈禧，結果呢？慈禧說陸續還了她四百萬，至於套房的錢則雲淡風輕，最後透天雖然賣了三千多萬，阿惜的套房價款則表過不提，憑空消失；連這等大錢都沒在乎，區區股票，阿惜又怎會參與追究？

如果不是仗勢親情，一個姊姊可以在一月十一號跟妹妹理所當然的說「把妳要留給我的寫下來」？如果還有絲毫親情，一個姊姊可以接著在四月十六號在傷害自己妹妹的人面前，理直氣壯的說「朋友各交各的」？

「理所當然」與「理直氣壯」的先後態度，檢驗出這段親情品質的特殊性；向來沒有數字記憶能力的阿惜，如今像紀念日一樣牢牢記住「111」「416」，這是火鉗烙印的內傷。

事多不及備載，以薪水階級而言，阿惜對原生家庭有沒有做到極限？金錢數字是答案，房產讓渡是證據。在一樣一樣安排之後，阿惜自己遷到第二城市新居，儲蓄不足的她在六十五歲之齡必須貸款四百萬，形成嚴重負債焦慮，但是沒有家人關心過她的償還壓力。

阿海，是唯一採取行動，期待姊妹能重修舊好的人。他在第七天打電話給慈禧，才開口說：「阿惜很難過，妳們不知道那個人對她的傷害嗎……」

慈禧搶白：「朋友各交各的，她不來往的，我們就不能來往嗎？」隨即掛斷電話……

阿惜曾渴望這一切都是誤會，結果，唯一確定的，是她被秋勤、慈禧這兩個家庭孤立了、蒸發了。

過往的慷慨大度，是阿惜對父訓家訓崇拜下的行為實踐。如今看來只是自作多情，她幾度生無可戀，被親情徹底打敗的她內心悲愴：「爸爸，我都遵照你的教誨對待手足，你要在他們家庭顯靈呀！」

阿惜對家人從一而終情義為尊，家人卻為一個無關緊要的人與事，不顧及她的感受於前，又不修復關係於後，這樣的倫常應對，誰不寒心？

事出無義，心生無情，成年晚輩沒有一個人出面釋出善意；言語誅心，態度殺人，一個電話可以破冰的事終於演變到不共戴天。

阿海知道阿惜心心念念把家人當唯一繼承人，所以兩人共同生活十七年卻始終沒有進行婚姻登記，在他，仍是可以理解也願意接受的狀態。

朋友起鬨喝喜酒，在百人面前他們確實行禮如儀，但除了家人，沒有人知道他們是「有婚」卻「無約」的；直到揪團旅行的時候，因為買保險等手續要用到身分證，不得不以空白的配偶欄出示在眾人面前，這讓保守的阿惜有著「被人發現污點」般的不適，她甚至難受：「朋友知道我是個黑市夫人，非壞了名聲不可。」

阿海安慰：「都什麼年頭什麼年紀了，妳覺得怎樣好就怎樣做。」只是阿海順帶提醒一下：「如果妳想登記結婚，也確實能產生一些保障，萬一我不在了，妳還可以領取半俸，不管何其微薄，生活上總還是有點補助。」

為了鞏固家人的繼承權，阿惜顯然寧可放棄眷屬未來的權益，因為阿惜沒有接續討論這個話題，阿海從此絕口不提婚姻。

幾個親密朋友倒是陸續對阿惜說：「妳這樣實在很過分，完全沒有尊重對方的感受。」阿惜誠懇解釋：「我沒有忽略阿海的安全，當著他和姐姐、姐夫說明，我的一切，家人擁所有權，阿海擁使用權。」

朋友都打抱不平了，阿海卻不曾對阿惜的安排有異議，更沒有負面情緒。

猶記初認可這段感情時，阿惜因他喜歡種菜而考慮再添置有院子的房舍養老，阿海立刻決定把自己的房子賣掉全額交給阿惜作主，阿惜蓄意緩衝三天才回答：「我準備用外甥名字買屋，雖然我的家人百分百可靠，但是我也不能讓你有絲毫風險，所以你的房子還是要自己留著。」

不管阿惜多愛護家人，阿惜還是把阿海放進保護範圍內，這就是阿海體認到的真情真義，也是阿海能完全信任與支持阿惜的理由。

直到慈禧掛他們電話，他們才同時明白這家人有恃無恐的程度。

諮詢三個律師，得到一致建議；現在，是阿惜向阿海求婚，在事發第二十天，他們到戶政事務所完成婚姻登記，這個登記的時間點，已經是他們「喜宴」

後的第十一年，勢必也將折損眷屬半俸的婚齡年限。

從費盡心思對家人資產轉移到毫不猶豫規劃財產清零，沒有子女的阿惜，終於決定更改二十餘張保單受益人名字，當她在不同保險公司櫃台前填寫申請單時，沒有一次能制止淚水滴濕文件上的名字。

李律師解析

本案的阿惜，無父母無子女，因看透「血親不親」的現實，她不再願意讓無情無義的手足本於「法定繼承人」身分繼承她未來的遺產。於是與阿海辦理「結婚登記」[1]，使阿海成為自己的合法配偶，讓彼此於一方往生時有「繼承權」。

在這案例中，如果阿惜始終未與阿海結婚，她仍可透過立「遺囑」的方式，將遺產「遺贈」給同居伴侶阿海。這裡需注意，因「特留分」是法律保障直系親屬的最低繼承分額，因此透過遺囑分配遺產，仍會受到「特留分」的限制。

至於那些無愛的「法定繼承人」，阿惜在法律上雖然無法完全規避「特留分」對他們的限制，但可以將一些「比較不重要，但仍有價值的財產」，例如：舊家具、電子用品、書籍、衣物，甚至是墓地分配給這些「無愛的親人」。

目前台灣社會日益重視資產傳承，如果是「頂客族」或「單身族」立遺囑，應注意以下三點：

一、遺囑有「自書、代筆、密封、口授、公證」等五種。多數人會選擇的**「自書遺囑」，顧名思義就是「親筆寫遺囑」，用電腦打字也不行！遺囑上務必註明立遺囑的「年、月、日」，並親自簽名；如有增減、塗改，也需註明增減、塗改的字數，並在修訂處再次簽名。**遺囑為「要式行為」，務必符合「法定方式」，才不會因為違反法定條件，而構成遺囑「無效」。

二、「代筆、密封、口授、公證」要式遺囑均須有「見證人」，見證人不得由《民法》規定不得擔任見證人的人擔任。（詳見第 139 頁法律應用問與答）

三、遺囑內容不得侵害「特留分」，依照《民法》一一八七條規定，遺囑人於不違反關於特留分規定之範圍內，得以遺囑自由處分遺產。即立遺囑人可以自由處分之遺產範圍，建議應以不侵害特留分為限。

特留分的計算方式是依據《民法》第一一七三條算定的應繼財產中，扣除被繼承人生前的債務而得出的結果[2]。假設，被繼承人在生前透過遺囑欲將遺產全部捐贈給慈善單位，導致繼承人無法獲得應有的特留分，此時繼承人可以透過《民法》第一二二五條的「扣減」規定，要求慈善單位（受遺贈人）從遺贈財產中返還超過特留分的部分，透過合法的方式「拿回」自己的最低額度。

總而言之，若遺囑內容有侵害上述的法律規定之特留分時，雖然該遺囑仍然具有法律效力，但是特留分遭侵害的繼承人可以向其他繼承人起訴請求遭侵害特留分之民事訴訟，故應特別注意。

1 《民法》第九八二條：結婚應以書面為之，有二人以上證人之簽名，並應由雙方當事人向戶政機關為結婚之登記。

2 《民法》第一二二四條：特留分，由依第一一七三條算定之應繼財產中，除去債務額算定之。

03

兄弟姊妹分不平，看得到卻拿不到的四甲地怎麼辦？

協議分割或裁判分割，避免遺產變遺憾

倫理是一種信仰，是良心和戒律的合而為一，
並不是養在豪門巨富的奢侈品，
也不是養在清貧陋室的瓦上霜。

神農爺留了關西四個山頭四甲地，在世時，經常口頭說，三個兒子各自繼承一甲地，五個女兒，則共同繼承第四塊一甲地。

神農爺並不懂農務，只會在山頭種種橘子而已，是子女逗他開心，封給爸

爸神農爺名號。

八個子女，對父親的分配或使用，從來沒有異議。

每年大節日的時候，上下三代的血親姻親，就可以坐滿六七桌，氣氛熱鬧，歡樂滿堂。

近些年，神農爺沒這麼健朗了，長子就經常性的「伺機聊天」、「隨機教育」，重複提醒爸爸：「老四生的都是女兒，如果他繼承土地，家族世襲的祖業，慢慢都會淪為外姓外人的財產。」

老大一次一次的清描淡寫，終究在神農爺心裡造成洶湧波濤，他就不留痕跡的興起話題，看看老二對分配與繼承有什麼想法。

老二聰慧：「我們都已經是都市人了，每次回來只是關心爸爸的健康與生活，爸爸一定要照自己喜歡的方式安排計劃未來，我們兄弟得到任何交代，都要以保存爸爸的心願為責任。」

這個老二，真討老人家歡心，擺明不爭不奪，還懂大明大義。

但是轉過身，老二去找老四：「你生的都是女兒，在我們家族裡真的比較吃虧，你得想想辦法，老大在影響爸爸，要把土地的分配比例偏重在有家孫的兄弟身上。」

看似很夠意思的傳遞家族情報，對老四來說，除了聽起來不舒服，又能夠怎樣？難道還要為了繼承，再去拚一個孫子來讓爸爸不動搖？

老四被心裡那團不知火弄得很躁，就跟太太說明自己的不安。老四太太明理的四兩撥千斤：「你就有點出息吧！別說因為沒有家孫而分配遺產偏低，就算將來土地沒有我們的份，又怎樣？會窮到我們？還是會拆散我們？我們三個女兒的優秀，難道敵不過你接收萬貫家財？」

老四從此不再煩惱。

後來，事情有轉變，這才看出來，老大對老四只有女沒有子的「暗算」，完全是話術鋪排，重點放在推動長子是不是該有較大的繼承比例、家裡女性手足的繼承，又是否需要再度降低比例？

話是長翅膀的果蠅，發酵起來，室內室外都會出現。兄弟姊妹彼此疏遠，嫌隙擴大。

神農爺在無預警的情況下離世。雖然土地分配口頭說了千百回，但，無字無據無憑無證，這，如何是好？

沒有遺囑的遺產，遇到人數眾多的繼承人，除非人人願意退一步讓一點，否則一定會擺開擂台，輪番上陣，但是退與讓，不但沒有親兄弟明算帳的禮數，還會攻防兼備。

雖然兄弟姊妹全都同意在談判桌上縷出和平協議，可惜每年家族聚會，都只是一年一戰，沒有共識。

四甲地始終凍結無法繼承，凡是出席的親手足，無不臉紅脖子粗的咆哮指責彼此。

老四的太太終於忍不住對老四說：「我不再出席你的家庭聚會，已經三年了，每年都是毫無意義的爭產戰爭，吵成這樣，我坐在那兒都嫌顏面掃地。」

老四不違妻命，真的和兄弟姊妹保持距離。

幾年期間，八個手足，兩名離世，繼承權的歸屬勢必又流向下一代，其複雜性可以想像。

去年，兄弟之中提議，不要浪費土地資產，可以申請經營民宿、露營區，討論結果，最富有的兄弟都說：沒錢投資。

營利計劃作罷時，有兄弟帶來訊息：「我們隔壁的內灣，土地比我們小，好像已經成交，賣了兩億多。也許賣掉分錢，對我們大家都是最適合的選擇。」

雖然土地價值一直可考，但是這麼多年來，只有此刻才出現價格換算的真切數字，「取得遺產就是獲利了結」終於帶給大家共識，同意「分分財產」解決「紛紛擾擾」。

這時，女兒之一，悠悠的說：「我有權利要求遺產採取均分方式，否則我不會簽字。」

均分二字的堅持，繼承協議再度破局。

父母在世，要生八個子女，並不困難，但是父母離世，要八個子女同時同意簽署遺產繼承協議，是天方夜譚。

四甲土地繼續擺爛荒廢。

兄弟之間都沒再來往了。

當第一代繼承人凋零，由第二代遞補繼承時，不僅溝通加倍困難，連找齊相關繼承人的通達戶籍都未必容易，何來法定簽署文件的完成？

對這塊被稱為四個山頭的遺產，神農媽媽過世前已嘆氣預言：到了最後的最後，四甲地會成為政府無條件接收的廢地。

李律師解析

在此案例中的神農爺生前並沒有訂立書面「遺囑」，在他往生後，這些土地就由神農爺的配偶及八位子女，共九人共同繼承。依照《民法》的規定，他們的應繼分是各九分之一。

被繼承人往生後，遺產尚未分割前，這些遺產依《民法》規定是屬於「公同共有[1]」，也就是所有繼承人（共有人），對於財產（四甲地）的處分、使用與管理都必須「共同決定」，任何一位繼承人，都無法隨意處理財產，所有決策都需要「共同討論決定」才行。

在此案中，面對多位繼承人「公同共有」遺產的狀況，在法律實務上可以透過「遺產分割」來處理。

為了避免歹戲拖棚、人多嘴雜、夜長夢多……，最好能儘速進行分割，而分割方式可分為：

一、協議分割：繼承人得隨時請求分割遺產，除「法律另有規定」、「契約另有訂定」或「遺囑禁止遺產分割」（《民法》第一一六四條、第一一六五條）以外，多數繼承人全體協議一致分割，即可成立「協議分割」。

二、裁判分割：如果多數繼承人間無法協議一致，且無不能或禁止分割之情事時，即可向法院提起訴訟，訴請法院以裁判方式分割遺產。此屬於「家事事件的丙類事件」（《家事事件法》第三條）。

再者，進行遺產分割時，除了方式的不同，在法律上還應注意以下三點：

一、遺產分割後，各繼承人按其所得部分，對於他繼承人因分割而得的遺產，負與出賣人同一的擔保責任（《民法》第一一六八條）。此處可以想像成賣方對買方的「擔保義務」，也就是繼承人之間必須互相擔保，確保對方取得的遺產沒有瑕疵。

二、有時繼承人中有人對被繼承人生前負有債務，其他繼承人可以依《民法》規定主張：於遺產分割時，應按其「債務數額」，由該繼承人的「應繼分」內扣還（《民法》第一一七二條）。也就是「欠被繼承人錢」的繼承人，需用其應繼分先行「還債」，以確保其他繼承人的遺產分割公平性。

三、繼承人中有在繼承開始前因「結婚」、「分居」或「營業」，已從被繼承人受有財產的「贈與」者，其他繼承人可主張：應將該「贈與價額」加入繼承開始時被繼承人所有的財產，為「應繼財產」，而前述「贈與價額」，應於遺產分割時，由該繼承人的「應繼分」中扣除[2]，在《民法》中，此即「歸扣」的法律問題。

在這案例中，神農爺雖然對自己的四甲土地應如何分配早有想法，但僅止於想法，而沒有訂立「遺囑」。如果神農爺能於生前透過訂立符合法定方式之「有效的遺囑」，並於遺囑指定「遺囑執行人」，即可將遺產妥善分配，也讓繼承人間免去無謂的爭議，維持親人間之和睦。

1 《民法》第一一五一條：繼承人有數人時，在分割遺產前，各繼承人對於遺產全部為公同共有。依法律規定，習慣或法律行為成一公同關係的數人，基於該「公同關係」而共有一物，為「公同共有」。「公同共有」不同於「分別共有」，「分別共有」係指共有人依其「應有部分」（或稱持分），而共有一物。

2 《民法》第一一七三條：一、繼承人中有在繼承開始前因結婚、分居或營業，已從被繼承人受有財產之贈與者，應將該贈與價額加入繼承開始時被繼承人所有之財產中，為應繼遺產。但被繼承人於贈與時有反對之意思表示者，不在此限；二、前項贈與價額，應於遺產分割時，由該繼承人之應繼分中扣除；三、贈與價額，依贈與時之價值計算。

04

進了家人口袋的錢，連借都借不回來？
預告登記、附負擔贈與，建立安全的親情關係

良田耕地，良心耘命，事出意外已是常態，捨得給出去的當下，就要同時準備承擔失去。

單身子女命中註定一件事，就是你沒兒沒女沒家庭拖累，照顧老爹老娘唯你可擔。

「居里夫人」剛擔重責大任時，爹能走路，娘能散步，兩老牽著小手，還

能搖搖晃晃去探望女兒。

晃了兩年，居里夫人順理成章符合爸媽期待，她把自己小宅租了出去，搬回爸媽家晨昏定省之餘，還是可以繼續工作，穩定收入。

媽媽病時，她跟爸爸一起照顧媽媽。

媽媽離世，爸爸也不支倒下。

這個階段，因為少了一老，反而困難重重，家裡外籍勞工凡事不敢作主，一天幾通電話，攪得她心慌意亂，終於還是決定辭掉第二春的工作，居里夫人從此居家扶人，專心與爸爸相依為命，幾乎二十四小時綁在一起。

爸爸年邁，終就是一家之主，家裡界定的財產歸屬並沒有進入分配。只是把大坪數老宅改為三個子女共同持有。

也因為面臨一次生離死別，背著爸爸，兄妹三人開始非正式的討論日後該如何如何。

小康之家能分配的資產不多，對於未來，彼此瞭然於心，無所牽掛，倒是居里夫人的個人積蓄，反而比爸媽來得多，屬於她的「以後」，才真的需要從長計議。

兄妹都實實在在誠誠懇懇的擺出態度：「將來我們會照顧妳。」

你照顧我在之後，我致謝你在此刻。

居里夫人對答如流，當下做了所有單身國民的決定！

她沒有絲毫猶豫：「我才不甘心將來繳遺產稅給政府，從現在開始，我的錢按規定額度，逐年贈與給你們小孩。」

日以繼夜，伴著外籍勞工照顧爸爸的主力選手就是居里夫人，爸爸會最疼愛她，再理所當然不過，曾三番兩次說：「我走後，這個房子歸妳。」

別說這個決定是私下承諾，就算當著三個親生子女的面前說，也只是一個說法而已，沒有白紙黑字，做子女的個個權利相當。

三兄妹都沒有念頭要求爸爸預立遺囑，因為一切都是三分之一，清楚明瞭，包括居里夫人也絲毫不會採取保護措施，因為她得到兄妹和晚輩說會好好照顧她的安全感。

居里夫人照顧爸爸五年，個人私產以合法贈與匯出兩年，林林總總，每年兩百四十萬愛的支出。

爸爸離世六個月之後，喪宅遺物斷捨離的大致清澈了，三兄妹一起巡視瀏覽，提出趁現在房價正好，把大房子賣了均分，這樣，大家都可以重新各自計劃更寬鬆理想的生活。

至於居里夫人，既已獨自生活，何不就搬回便於整理又絕對適合獨居的昔日小屋……。

就在這個提議後不久，居里夫人和老朋友聚會時聊到家族計劃。聽到居里夫人拿不到爸爸口頭說過要給她的房子，西蒙波娃發現兩人做法相同，她在更早的多年前也開始匯出家族贈與額度，而且還做了遺產、贈與和轉賣之間的專業比對，最終以最有利家人的方式，把蛋黃區的雙拼華廈轉售家人，提前完成轉移不動產最佳避稅方式。

在西蒙波娃做過這麼多事之後，家族裡，從平輩到晚輩，沒有誰對她不好，但是也沒有誰對她好，平日無聚，節慶無聲，倒是近年發生意見分歧的事，讓幾十年真金白銀付出的她，換得孤身對抗全家公敵的角色。

經過一些事，遇過一些痛，西蒙波娃非常明白，所有給出去的錢都已經是別人的錢了，不但要不回來，還被懟過「我們有跟妳要過嗎？」

是呀！家人沒開口要過，金錢房子都是自己主動給的，所以這是自作自受，不管心裡再害怕，也要安靜地的閉嘴噤聲。

單身女子，很容易把原生家庭的手足親情放在第一位，忘了手足的家庭子女才是他們直系血脈貴族公親，兄弟姊妹已經不是同頻家人。

父母早早運用贈與安置兒孫，萬一日後遭到棄養，沒有法院也還有鄰里會仗義執言，但是兄弟姊妹之間的給與受，可能常被倫理輕忽，把自己的財富分批轉給家人晚輩完全出於善意，但是這樣的善意該設底線嗎？

西蒙波娃問居里夫人：妳已經給甥侄輩近五百萬，妳敢跟家人借回一百萬試探他們對妳的血親情感嗎？

這個問題問的失禮，也問的殘酷，總之，居里夫人承認：「我不敢試探。如果妳的遭遇是多數家庭關係的真相，我真的無法承受；但是我該考慮把錢留在自己名下了。」

「我們不但採取主動的無條件付出，還精密考量如何規避遺產稅，讓他們的不勞而獲保持完整。」西蒙波娃對居里夫人重新結論：「其實，遺產稅就是我們的保護費，讓受益人稍微承擔一點責任吧！把錢留在身後給，對他們沒有損失。」

李律師解析

由於被繼承人死亡，所遺留下來的遺產，涉及「遺產稅」的課徵，因而有些人為了避免遺產稅的負擔，就於生前將自己的財產透過「生前贈與」的方式，藉以降低自己死亡時「遺產的淨額」。

對於運用「贈與」時，應瞭解並注意以下五點：

一、**善用免稅額**：贈與稅納稅義務人，每年得自「贈與總額」中減除「免稅額」。此外，當「免稅額」遇到消費者物價指數較上次調整的指數，累計上漲達百分之十以上時，自次年起按上漲程度調整（《遺產及贈與法》第十二條之一）；所以，目前每年贈與的免稅額是新台幣兩百四十四萬元。

二、**贈與不動產**：受贈時取得的不動產，土地依公告現值；房屋以評定價格計價。為避免將來受贈人出售時要負擔較高的房地合一稅（《所得稅法》第四條之四第一項、第十四條之四第一項），建議可逐年贈與「現金」，再用現金購買不動產，將來如果不動產轉售時，則在房地合一稅方面不會因為「取得成本」較低，而被課高額的房地合一稅，如此一來較能節稅。

三、**預告登記**：如果贈與人贈與不動產給予受贈人，而又擔心受贈人無法守財，導致不動產被騙或去向地下錢莊借貸，**贈與人可以運用「預告登記」**，**限制受贈人未經贈與人同意不得抵押或出售等處分行為**。

四、**附負擔贈與**：如果有計劃將財產慢慢分給平輩、晚輩，可以考慮運用「附負擔贈與」，其有別於「一般贈與」，如果受贈人不履行其「負擔」，則贈與人可以依法請求受贈人履行其「負擔」，或撤銷贈與。如果確定發生撤銷贈與事由，撤銷時應同受贈人以「意思表示」為之；贈與撤銷後，贈與人得依關於「不當得利」[1]的規定，請求返還贈與物[2]。

五、如果贈與人贈與不動產給予受贈人，但自己仍要居住至終老，則可採用前述的「附負擔贈與」，讓受贈人容認贈與人居住至終老為止。

再者，在本案例中的居里夫人是單身、沒有子女，類似這類族群的人，在進行財產規劃，會特別介意自己的身後遺產讓生前「無情的人」繼承，這種情形下，需瞭解下列法律常識：

一、應認識《民法》繼承所規定的「繼承順位」。除配偶外，依序為：直系血親卑親屬→父母→兄弟姊妹→祖父母。

二、如果按上述順位，為避免「無情的人」將來可能會成為繼承人，則應預立合法有效的「遺囑」，一方面限定其「特留分」，另一方面則將遺產中較不重要，但仍有價值的遺產，分配給這位不再同頻的「法定繼承人」，俾符合「特留分」的規定。

三、或者可以運用保險，讓適當的人成為「保險受益人」，未來「保險金」直接歸屬受益人，避免「特留分」的問題。

1 無法律上之原因而受利益，導致他人受到損害，謂之「不當得利」。一方受利益，致他方受損害而無法律上原因時，受益的一方應返還其所得的利益；受損的一方得請求返還其所得利益。

2 《民法》第一七九條：無法律上之原因而受利益，致他人受損害者，應返還其利益。雖有法律上之原因，而其後已不存在者，亦同。

05

同父異母的弟弟，爭的是一口氣？還是一口袋？

預立遺囑、指定遺囑執行人，顧好最愛的家人

鶯鶯燕燕來去必有痕跡，
風流韻事徒惹兩代恨事；
一紙證明不如錢財一筆，
愛的精彩抹盡愛的光彩。

大宇在病房裡看護士用藥，門口進來一個跟他一樣高大的男子，不顧護士在場，就很直接站在病床前，望著沉睡病人即開門見山自我介紹：「你好，我是你爸爸的兒子，我叫謝大宙。」四十年來初見面，同父異母弟弟如此大方的開場

白，能不驚到大宇嗎？

大宇自己已經是做爸爸的人了，但從來不知道這世上竟有個隱藏版的弟弟。突然一個自稱有血緣關係的陌生人來認親，就算大宇早已邁入不惑之年，心裡還是一陣需要強制壓抑的怒氣。

大宙拿出自己的身分證給大宇看，上面有父親的名字。

「同名同姓的人很多。」大宇不覺得這樣的身分證能證明什麼。

接著，兩天、三天，連續多天，他們在病房相遇，家生的大宇與私生的大宙，看著昏迷不醒的父親，終於還是開始勉為其難的「交換生平」。

「我們每天都有通電話的習慣。突然失聯，我們就開始查詢每間醫院。」口述裡的「我們」，包含大宇的爸爸和大宙的媽媽。

大宙很愛有意無意的轉述他們和爸爸的關係有多好多好，大宇通常走出病房終止收聽。

多日後，大宇訂下規矩：「你我見面無益，也希望能避免碰到我媽媽，增加對她的傷害。所以我們各自選單雙日來病房，關於看護、醫療與其他相關事務……」大宙搶接話：「全部由你作主。」

約定既成，他們相互留了電話，留了LINE，其他，彼此不多問。

暗自消化情緒多日，大宇終究覺得有必要讓媽媽知道，爸爸生前導致的驚悚劇情。

早年職業的幹練，讓已經坐輪椅的媽媽仍保持獨居的自主性，為了不讓獨生兒子有多餘的奔波，她在符合資格的條件下，申請了印尼外籍勞工照顧起居。

當大宇告訴媽媽，這世上有大宙這號人物時，媽媽的心情同時泛起「不可思議」與「也不稀奇」兩極端，因為先生風流倜儻其來有自，鶯鶯燕燕的傳說沒有停過，卻也沒有被證實過。這樁婚姻，在她坐輪椅之前，夫妻都是在社交場合同進同出，絲毫不見破碎跡象。

身為母親，此刻的她比較關心兒子的難過。

大宇的確是難過的：「現在我終於明白，爸爸對我始終不特別滿意並不是我的猜疑。因為他心在別處。」

他跟媽媽說了一個插曲，那時他才二十出頭，爸爸跟他聊一個怪異話題：「假如有一天，有一個人證明是你的兄弟，你會接受他、友善對待他嗎？」大宇告訴媽媽：「我當時說『真無聊，我怎麼會相信？怎麼會接納？』現在想來，那次談話是爸爸的別有用心，因為我的答案不符合他的心意，之後，我覺得爸爸對我有很明顯的冷淡。」

最近這七、八年，大宇媽媽因脊椎腰椎髖關節的糾纏，健康品質每況愈下，她總是預估暗想，自己會走在先生前面，所以，特別希望大宇能跟父親相處的更親密一點。沒想到如今兩個希望都落空，一是大宇遇到人生之痛，已沒有機會重新反轉父親並不愛他的陰影；二是她仍坐著輪椅，先生卻提前告別世界，也留給她多餘的傷痛。

在父親過世後，大宇母子才開始整理抽屜，這是繼退休以來，妻子第一次檢視丈夫的存摺，發現退休金的大筆金額已用來歸還工作單位的借貸，其他定期定額的進出，則有一定的轉帳對象，這不就擺明外面有家要養？

還有更大的難過，是此刻才知道小姑一直在匯寄美金贊助養育費。小姑對自己大哥的體恤雖是當然，但是對大宇母子卻是另一種難堪。大宇因此給姑姑打電話：「爸爸名下來自你的匯款，結算還有些許餘額，立刻退還，謝謝。」

因為自己健康堪慮，大宇媽媽很早就把個人錢財、房屋所有權做了安置。大宇問媽媽：「妳是知道爸爸在外行為不安全，所以這麼早就做了財務安排？」

「沒有。不是。我並沒有不信任我們雙方的關係。我給你的，其實全都是我自己的積蓄，並沒有動用你爸爸的財富，你爸爸做過一些錯誤投資，很多大錢是在這個過程裡消失的。」

大宙的出現，轉移了大宇的垂淚焦點，他不知道自己最大的悲傷，到底是爸爸的過世？還是突然多個兄弟的難以置信？但是他看到八旬老母被擊垮了。

任何新舊耳聞，一旦被證實是真實存在的背叛，人，不管修養多好，不管年紀多大，即使沒了七情六慾，即使笑看往事如煙，都不可能看淡、看開、放下、放過……。

八十餘歲面臨四十餘年的謊言，在別人看來根本已不是重要的結果，但是，「為什麼要這樣對我」的悲嘆，或許將伴著她走完人生。

生命塵埃落定，生活再掀風浪。

大宙和媽媽，有自己獨立的戶口名簿，上面附記父子關係，但是配偶關係沒有附註。

大宇大宙的父親沒有預立遺囑，但是預作了DNA檢查報告，讓大宙有法定身分，可到國稅局申請遺產清單、主張應繼分或特留分的繼承，讓他得以一起接一起地提告大宇母子侵占。

大宇母子收到有關詐欺的起訴書，曾被警察單位邀請前去接受盤訊，他們一臉茫然的據實回答偵詢內容，最後，檢察官審閱警局的筆錄，駁回起訴。

這所有的法律行為，都是為爭取應繼分和特留分。

父親名下，並沒有可繼承的不動產，僅有的儲蓄存款餘額，大宇託律師依照關係人繼承比例，已存放在公辦調解委員會，但是，大宙的媽媽拒絕接受調解。她不是婚姻配偶，可是她能完全證明兒子的血緣身分。這場內室妻和外室妻的戰爭、婚生子和私生子的糾纏，爭的是一口氣？還是一口袋？

李律師解析

在繼承案例中屢見的情節之一，就是被繼承人生前與配偶以外的女子祕密生下的「非婚生子女」，為爭奪遺產「驚駭登場」，進而產生種種親情與金錢的糾紛。

當被繼承人死亡時，如其合法配偶尚生存，且與配偶生有子女，這時就會出現「配偶」、「婚生子女」與「非婚生子女」間的財產繼承爭議，其中涉及的

「情感」、「親情」往往複雜難料。

從相關當事人的立場，進行法律剖析如下：

就被繼承人而言，其「非婚生子女」在《民法》規定中，仍屬於「直系血親卑親屬」，所以是「第一順位繼承人」，至於「婚外女子」因不具有「配偶」身分，依法沒有「繼承權」。

如果被繼承人想要守護「婚外女子」則必須訂立「遺囑」，於遺囑中透過「遺贈」，使其可以取得一筆遺產，用以照顧未來的生活。

反之，如果被繼承人只是逢場作戲，對「非婚生子女」並無深刻親情，仍較偏愛合法配偶及婚生子女，則被繼承人於生前即應做好安排，透過訂立「遺囑」，限定只給非婚生子女「特留分」的遺產。

按「法定繼承[1]」中，繼承人如有二人以上時，其各繼承人對遺產上的一切權利義務，所得繼承的比例，就是「應繼分」。而被繼承人如於生前訂立「遺囑」，可透過遺囑進行繼承人間財產比例的安排，但不得侵害「特留分」，且可以透過遺囑進行「遺贈」。

以「代筆遺囑」為例，需由立遺囑人指定三人以上的「見證人」，由遺囑人口述遺囑意旨，使「見證人」中的一人筆記、宣讀、講解，經遺囑人認可後，記明年、月、日及代筆人的姓名，由見證人全體及遺囑人同行「簽名」，遺囑人不能「簽名」者，應按「指印」代之。訂立此種遺囑，還需要注意以下三點：

一、見證人及遺囑人都要親自「簽名」，不能用「蓋印章」代替，有些案例，就是沒有親自簽名，而直接蓋印章，遭法院判決「無效」。

二、見證人必須要有「三人」或「三人」以上，不足「三人」，遺囑也是無效。同時要注意有《民法》第一一九八條所列情形之人，不能擔任「見證人」。

（詳見第 139 頁法律應用問與答）

三、立遺囑人於訂立遺囑時可指定「遺囑執行人」。若有指定，便可在其離世後，讓遺囑執行人立即啟動遺囑裡的交辦事項。除了不得指定「未成年人」、「受監護或輔助宣告之人」為遺囑執行人外，其他人均可。甚至可以於遺囑中委託「他人」代為指定，受委託者，於遺囑生效，應即指定遺囑執行人，並通知繼承人（參見《民法》第一二〇九條）。

倘若立遺囑人，沒有於遺囑中指定或委託他人代為指定，則繼承人可以由「親屬會議[2]」指定；不能由「親屬會議」選定時，則由「利害關係人」向法院聲請指定。

如向法院聲請，須適用《家事事件法》此類「指定遺囑執行人案件」屬於「丁類事件」，當專屬繼承開始時，由被繼承人住所地法院家事法庭管轄[3]。

1 「法定繼承」乃指依法律規定，須由「特定人」繼承的制度；前開「特定人」由法律規定，稱之為「法定繼承人」。其有別於「遺囑繼承」。

2 「親屬會議」乃指依法律規定按親屬的「親等」選定「五人」為法定人員，共同為處理親屬間特定事務的非常設性的單位（參見《民法》第一一二九條~第一一三七條）。

3 參見《家事事件法》第三條第四項第十款、第一一二七條第一項第七款。

06

遺囑被撕毀，屬於我的那份財產，怎麼討？
遺囑雙保障：妥善蒐藏自書遺囑＋指定遺囑執行人

江湖險惡長劍直逼，回擊有力毫不猶豫；
親情暗算短刃易藏，一招斃命不露痕跡。

有多少照顧者，既無犯意也無犯行，卻因為不懂法律，在歷經所有委屈後，不但得不到應有的平反，還淪為犯罪受刑人。

家中僅姊妹二人，雖不親密，亦無怨隙，水妹自視平庸，在照顧爸媽的殷勤度上，即使不均不平，尚可相安無事。

姊姊（火妹）做生技產品直銷，有錢，而且是很有錢，台北這條街，那條街，有好幾個小單位的店鋪，如果啥也不幹，在這等青春年齡，就已經擁有絕對的財富自由。

水妹住在離爸爸家百步之外的附近，幾乎天天回家伴食晚餐。

水妹和火妹之間，沒有搶食、沒有爭食的氛圍，這個家算來人丁很少，好在暖度還夠。

水媽媽病逝後，孤單感突然形成情緒侵蝕，水爸爸的健康也跟著失守，但是身體的不方便，並沒有危及頭腦的清楚，他開始進行必要的安排，並且以自書遺囑的方式，立下財產分配，註明自己的房子要留給照顧他的水妹。

外人看來，水爸爸的事好像水妹最清楚，實際上，水爸爸最愛跟難得回來的火妹聊股票。

爸爸的股票存摺、生活存摺都在自己手上，但兩個女兒各自持相關帳號的提款卡和網銀密碼。這樣的財務模式，跟水媽媽在世時是一樣的，爸爸有所有權，但並不會真的管理金流。

有一天爸爸打電話要水妹立刻回家一趟，爸爸翻開股票帳戶的存摺給她看：「錢都沒有了。」

水妹逐筆檢查帳戶，幾個月來，這個帳戶一直在陸續賣出持股，只留倉少許零股。

「你是自己賣掉股票嗎？你沒有常刷摺子看餘額？」

「我沒有賣。因為火妹說她朋友有消息，應該再加碼投資，還要我把生活存摺的錢也轉進去一些。」

「把生活存摺給我看看。」

這一看，看的心驚肉跳，活儲的錢的確也陸續轉出不等金額。

賣股票的錢，的確進了帳戶，但是兩三天後，就又零星分散轉匯出去。

已經三天聯絡不上火妹的老父親，哇的哭出來了：「我急了，才不得不跟妳說。」

姊姊不接爸爸電話？水妹用了小心眼發個簡訊給姊姊：「爸爸有兩個定存到期，決定用我們名字續存，妳帶妳的存摺回來，我們今天就去辦理。」

姊姊出現了。爸爸看到火妹就大哭。「妳把我的錢弄到哪去了？」

「都在呀！我的朋友幫忙操盤，每個月都會結算紅利給我們。你的錢不會變少的。」火妹不慌不忙抱著安慰，連哄帶騙，讓爸爸安心去睡。

「搞這麼多轉來轉去的帳，妳是有計劃的在『洗』爸爸的錢？」

「爸爸的圖章早就給我了，他信任我，我有權處置他的股票。股票是所有資產裡最難解決的問題，至少要拖半年一年才能繼承，我當然應該為我們做好萬全準備。」

水妹說：「信任？那爸爸為什麼哭成這樣？既然是為我們著想，賣股票的錢為什麼不留在他的生活帳戶裡？我有權利要求妳現在歸還爸爸的錢。」

強勢的火妹：「這些錢算是我現在預分的財產，將來我們再根據應繼分多退少補。我會做的很公平的。」

過去的平和都是煙幕？

「盜領股票」、「侵占資金」，水妹為爸爸提告火妹，但火妹的代書、證券公司專員，分別出面證明，水爸是在神智清醒狀況下，親自出面辦理紙本授權，包括網路銀行轉帳、網路下單。

仔細看看，這些授權手續都是早早就規劃完畢，只是等爸爸年事高後，才開始發動轉移。

水爸爸經常哭，經常失眠，經常說喪氣話，最後，在醫院抑鬱無言，去時孤單。

在爸爸告別式三個星期後，水妹接到法院起訴書。

她被火妹控告「侵占」與「偽造文書」。甚至在衝突發生時，火妹肆無忌憚的說：「爸爸的自書遺囑早就被我撕掉了，妳怎麼證明他說房子要給妳？」

水爸爸在醫院離世後，水妹用爸爸的提款卡領現，或到郵局臨櫃蓋章提領現金，都是用來支付已經發生的醫療與喪葬費用，所有付費都有憑有據，但是，她卻成了違法者。

郵局提領現金的時間只要晚於醫院死亡證明文件的時間，就是違法，因為從死亡的那一分鐘開始，被繼承人的所有資產都自動進入凍結狀態，無論是誰，在不釐清歸屬問題前的提領，都涉嫌盜、偷、占、侵。

除非爸爸顯靈跳出來證明她的清白，否則水妹百口莫辯，最終，她接受律師建議，當庭說：「我認為我是無辜的，但是我願意認罪。」

法官宣判緩刑二年，但必須服勞動役一百小時。每月向土城地檢署報到，接受觀護老師輔導，此外限制住居，並不得出境。

月月向觀護老師報到，是為防範兩件事，一怕受刑人向訴訟人報復，二怕受刑人尋短。水妹沒有報復意念，但她明白，因為自己曾要火妹退還父親股票帳戶的資金，造成火妹伺機控她侵占，以報一箭之仇。

今天，是水妹一百小時勞動役的最後一次服務。她自嘲：「我已完成一生最震撼的巡演節目。」但從生打到死，官司三年，爸爸股票帳戶的侵占者居然完全無罪。

同父同母的血親手足，如今，水妹恥於呼叫對方名字。

李律師解析

在這個案例中，水爸爸雖有自書遺囑，卻沒有在遺囑內指定水妹擔任「遺囑執行人」，間接導致後續問題一發不可收拾！

為什麼「指定遺囑執行人」很重要？

當立遺囑人過世、遺囑發生效力時，為了實現故人遺願，負責執行這些遺囑內容事務的人，就是「遺囑執行人」。

如未於遺囑內指定執行人，且未委託他人指定，則由「親屬會議」選定，如果無法由「親屬會議」選定，則可由「利害關係人」聲請「法院」指定（《民法》第一二一一條）。前開程序相當麻煩，如能預先指定既可避免冗長程序，且可透過預先指定，選定自己所信賴之人「執行」。

不過在此還要提醒立遺囑執行人時，應認識相關法律問題，概略言之，有以下四點：

一、可以直接於遺囑內指定「遺囑執行人」，也可以委託「他人」指定；如果受委託指定者，則應於被繼承人死亡後，立即指定「遺囑執行人」，並通知「繼承人」（《民法》第一二〇九條）。

二、遺囑執行人就自己之職務的執行，可以請求「相當的報酬」，報酬的數額由繼承人與遺囑執行人「協議」定之；如果雙方無法達成協議一致時，則由「法院」酌定（《民法》第一二一一條之一）。

三、立遺囑人指定遺囑執行人，可以是單一「一人」，也可以有「數人」；如果遺囑執行人有「數人」時，其執行職務以過半數決之，但遺囑如另有「意思表示」，則依遺囑人的意思（《民法》第一二一七條）。

四、遺囑執行人於立遺囑人死亡後就職，就職後，應將遺囑有關的財產編製「遺產清冊」，並將之交付「繼承人」。遺囑執行人還應管理這些遺產，並為執行上所必要行為的職務（《民法》第一二一五條）。

另外補充，對一般人來說「自書遺囑」最容易完成，也最經濟實惠，但卻也很多「誤區」，導致遺囑無效，以下列舉幾種常見的無效原因，不得不慎！

一、沒有「親自簽名」，而只用「蓋章的方式」，無效。

二、有親自寫遺囑全文，也有親自簽名，但沒有記明「年、月、日」，無效。

三、有親自書寫遺囑全文，也有親自簽名及記明年、月、日，但該遺囑有「增減、塗改」，卻沒有在「增減、塗改」的處所另行簽名，無效。

被繼承人如果不希望自己留下的遺產造成繼承人之間的紛爭，還是呼籲大家提前預立遺囑，同時明定「遺囑執行人」，盡量免除後代子孫的爭產風波。

在這案例中值得一提的是，火妹不應該因為覬覦其父親的財產，刻意把「遺囑」撕毀，並誣告水妹涉嫌盜領遺產。姊妹之間應珍惜手足之情，切勿為爭產而打官司，尤其是動用到「刑事官司」更不恰當。**繼承人對於被繼承人所遺留的遺產，如有爭議或誤解，宜以協調、溝通、調解、和解，切勿濫行訴訟，徒生怨懟，也破壞血親緣、姻親緣的緣分。**

07

媽媽不喜歡我太太，無條件放棄繼承，是骨氣？還是嘔氣？

拋棄繼承前，需先掌握全局，避免滿盤皆輸

愛，向來不是對等關係，
別讓自己的處處願意，導致他人的無情放肆。

越單純的愛越不受祝福？
只因年齡差，只因女大男小，即使共生共活幾十年，她還是沒有婆家，每一個除夕夜，都是一個人孤零零獨自度過。

阿光，高大，帥氣，高學歷，是家裡唯一會唸書的孩子，他喜歡音樂，喜歡收集黑膠唱片，喜歡撥弦彈奏，喜歡到鄉下去以工換食宿，享受農務樂。

阿布，清秀，飄逸，專攻美學，從餐飲到建築，從繪圖到雕塑，她的學識學歷或許一般，但她的創意作品卻總是匠心獨具。

對阿光，原生家庭用難堪的眼光造成很多難過的事件，看在阿布眼中，盡是心疼，然而她已經顧不得自己內心的不平衡，只求降低阿光的委屈。

生活專長使然，阿布和阿光之間，自然形成夫妻關係的性別易換。她像夫一樣的賺錢養家，不問家務，他像妻一樣的用心持家，調配財務。

他們彼此，都覺得自己虧欠對方一個公平，也用自己能力的極限來補償自己愛情承諾的不足。

父親病後，從病中到病重的過程，阿光沒有雜念，因為自己住在偏鄉，他沒能給父母晨昏定省，但是也經常探望，沒有怠忽。

比起母親的擺明不接納「大」媳婦，父親的態度始終如一，既沒有責備也沒有緩釋，他把媳婦徹底當隱形人，這是善意還是排斥？阿光不敢猜測。阿光認為中國家庭很多男人都像父親這樣，不擅表達並不一定是反對方，他始終抱持一個希望，也許上下兩代都更老一點時，有些事有些感覺就會自動和解……。

這麼多年，自己的娶妻事件雖不被原諒，但至少，家人還認同他是個好兒子，家裡大大小小需要商量的事，他是有資格旁聽的，只是他想彌補個人婚姻帶給家人的不適感，凡事都識趣的盡量避免主導。

只有彌留，沒有遺留；父親離世前，阿光回家，常見母親和弟弟當著他面低聲說著悄悄話，這個場景過去不曾發生，現在卻連續出現，好像蓄意製造一種隔閡氛圍，阿光的感覺很受挫。

有一天媽媽叫阿光把他的私人物件從家裡搬走，因為，父母的老宅已經做了安排，媽媽說話並不婉轉，非常直接的告知：「這房子已經過戶給你弟弟，我準備跟他們一家人住，你的東西放在這，是要經過他們同意的。」

這一段感情的後座力，在面對繼承的時候，很無情的讓阿光從家庭裡最受期待的兒子，淪為沒人想多看一眼的角色。

父親的告別式結束兩個月了，阿光總有一絲疼惜之心，他不忍媽媽可能很孤單，也預估：如果以後媽媽跟弟弟住，他沒把握自己的出現會不會受歡迎？所以這段時日，他回家看媽媽的頻率比過去高。

這天，媽媽的開場白是：「我想跟你談一談。」

阿光心情指數一下飆起來，以為自己和妻子無兒無女，現在是最適合陪伴媽媽的人選，但是，媽媽開口的事，跟他「以為」的「轉機」完全相反。

「媽媽要我簽拋棄繼承。」他回家對妻子說完這句話，好委屈好委屈的哭了起來。

生為一個成年人，在他從沒有渴望長子繼承權的長久歲月以來，媽媽開口要他拋棄繼承的態度，對他，宛如突如其來的關係宣告，在這樣的親情界線中，他被剝奪的不是實質財富，而是他一直懷抱重燃親人相愛的希望。

阿布唯一的安慰，是含淚抱著阿光，一段被家族拒絕的婚姻，早就把她磨的逆來順受。

阿光問阿布：「妳覺得我該簽嗎？」

「你必須自己做決定。你愛我正是他們恨你的唯一原因。所以我沒有任何發言權。」

「媽媽有給我一個選擇，如果我願意合法收養弟弟一個兒子，讓他成為我未來的法定繼承人，我就可以有條件的繼承一些家產。」

「你願意這樣做嗎？」

搖頭。阿光搖頭。

阿光不想為了遺產的分配，做他不以為然的配合。

「但是，」他說：「我有跟媽媽講，弟弟經濟條件本來就好，妹妹比較弱一點，是不是可以同意妹妹做部分繼承。媽媽也不同意。」

女兒，是別人家的媳婦，媳婦，是別人家的女兒，在媽媽心中，阿光和弟弟的姓氏才擁有合法繼承資格，因為阿光離經叛道，她堅定的說白了：「遺產分給你，就是分給她，我不願意。」

阿布內心獨白：「一直是我養家，我不會用阿光任何繼承來的錢財，如果我辦理離婚，你們就願意讓他得到應有的權利嗎？我年齡大得多，他繼承我的機率比我繼承他的機會多，我不是阿光的絆腳石。」

幾十年的夫妻關係已經證實我們的感情，你們何苦再來羞辱我們的婚姻呢？她堅定的告訴阿光：「只要能保障你的權利，我願意和你辦理離婚，也願意寫切結書給你媽媽，聲明你我從此不再來往，保證徹底脫離彼此。」

被家庭孤立幾十年的代價都承受了，他反問她：「妳不可能丟掉我對嗎？那我也不會為換取財產丟掉妳。」

不久後，家裡催的厲害，而且說溜嘴：「你不快點簽放棄繼承，萬一你發生什麼事，你的『大』妻還可以代位繼承，影響我們家財務安危。」

三天後，阿光簽了放棄繼承，他知道自己可以有反悔期，但是他還是配合母親與弟弟的期待，到法院完成公證。

李律師解析

繼承依其方式的不同，分為「法定繼承」及「遺囑繼承」。前者是依法律規定，須由特定人繼承的制度。後者則是依被繼承人的意思而決定其繼承人者，稱為「遺囑繼承」[1]。

在本案例中，如果阿光父親生前沒有訂立「遺囑」，其留下的遺產，依我國《民法》的規定，就適用「法定繼承」。在此情形下，阿光父親的遺產，會由阿光母親（配偶）及三位子女阿光、阿光弟、阿光妹四人共同繼承，每人的「應繼分」各四分之一。

然而，阿光母親因嫌棄阿光的配偶阿布，連帶不希望阿光繼承父親的遺產。阿光要如何拋棄繼承？又其拋棄繼承後，遺產要如何分配？現分述如下：

一、拋棄繼承：我國《民法》上，繼承的效力於繼承開始時當然發生，並容許繼承人可以拋棄繼承。繼承人在知悉自己可以繼承時起「三個月內」，得以「書面」向法院聲明拋棄繼承，否認繼承對其個人發生效力。（《民法》第一一七四條、一一七五條）

繼承人拋棄繼承時，應以「書面」表明下列事項：

1、拋棄繼承人；

2、被繼承人的姓名及最後住所；

3、被繼承人死亡的年月日時及地點；

4、知悉繼承的時間；

5、有其他繼承人者，其姓名、性別、出生年月日及住、居所[2]。

二、拋棄繼承後，遺產將如何分配？關於此一問題，分以下三點說明：

1、如果「第一順序」的繼承人中有拋棄繼承權者，其應繼分屬於其他同順序的繼承人（舉例：阿光拋棄繼承，其應繼分會由母親、弟弟、妹妹依比例分配）；

2、「第一順序」的繼承人，其親等近者均拋棄繼承權時，由次親等的直系血親繼承（舉例：假設阿光三兄妹皆拋棄繼承，其應繼分全部由母親繼承，若母親也拋棄，則由阿光父親的父母繼承）；

3、先順序繼承人均拋棄其繼承權時，由次順序的繼承人繼承（舉例：阿光三兄妹皆拋棄繼承，母親也已離世，繼承順序則是阿光父親的父母，若爺爺奶奶也離世，則會由阿光的叔伯、姑姑輩繼承）（《民法》第一一七六條）。

在本案例中，阿光之父死亡，其遺產由配偶（阿光的母親）與第一順位繼承人阿光、阿光弟、阿光妹四人共同繼承。如果阿光遵照母親的意思，在「三個月」的法定期限內，以「書面」具狀向「家事法庭」完成繼承拋棄，則阿光之父的遺產，就由被繼承人的配偶、阿光弟、阿光妹三人共同繼承。

實務上運用到「拋棄繼承」時有所聞，如果進行拋棄時，一定要注意相關問題，才不會發生無謂的困擾，謹舉一個例子如下：

甲與乙結婚，二人育有兩位子女A、B，甲隱瞞背著乙在外頭與丙女生了一位私生子C。

甲死亡後，乙、A、B三人原以為只有三位法定繼承人，由於A對外負有債務，希望自己的份額，隱藏在B的名下，A就拋棄繼承；A完成繼承拋棄，私生子C跳出來主張權利，此時形成甲的配偶乙及子女B（與合法配偶乙所生）、私生子C三人共同繼承，A的如意算盤未能按原先安排。由此可見，要拋棄繼承時，一定要掌握全盤狀況，並在法律上做妥適安排，才不會造成失誤。

1 參見戴炎輝、戴東雄、戴瑀如合著：繼承法，頁9，2010年2月最新修訂版。
2 參閱李永然著：繼承權益與繼承司法實務，頁146~148，民國107年9月初版，永然文化出版公司出版。

08

大伯裝傻又翻臉，已逝丈夫出資買的地，我要得回嗎？

土地贈與和代管，白紙黑字寫清楚

風塵來去養家活口，老枝葉黃片瓦難求，
親情衡量是金是情，付出越多哭得越悲。

陳文是公務員，是都市冷氣房裡文職薪水階級。
陳野是農務業，是奔走山坡陡地為地主種水果的農工。
陳文有一點經濟頭腦，也心疼哥哥總是代人作嫁的辛勞，於是在起心動念進行投資時，他把哥哥的專長與未來，也都一併考慮進去。

陳文調職美國前，把房子賣了，跟哥哥說：「你懂地，你選地，你做所有決定，買一塊地，只要種自己喜歡也擅長的經濟作物就好。我是公務員身分不能出面出名買農地，但我把賣房子的錢全部給你，地，能買多少就買多少，以後任何收成都是你的，但是土地，留給我一半產權，將來養老，就跟你一起過田園生活。」

陳文在哥哥陳野身上投資對了，農地耕種相當成功，二十年下來，陳野的農場附營觀光農作物認養，連都市人去拔拔蘿蔔都可以帶給他額外營收。

兄弟二人一直相安無事，相關承諾看來也沒有任何變化。

中壯年的陳文外派美國，收入尚好，生活愉快，哪想到會生病；本來文妻希望回台灣養病，奈何病情快速轉劇，他來不及回台灣就落葉他鄉。

文妻先隻身回台接觸大伯陳野，也照先生意思開了口，「過幾天女兒送陳文的骨灰回來入厝陳家祠堂後，我也準備定居台灣，這片土地有關陳文的產權，需要拿回一部分，讓我們母女買個小單位房子安頓。」

大伯斬釘截鐵回一句：哪來的產權？

文妻：買土地的錢不都是陳文出的嗎？

大伯：誰說的？

文妻：買地的錢是由我分批交給你的。有假嗎？

大伯：有種妳去告我啊！

「有種」？文妻聽到如此令人崩潰的字眼。

女兒回台，母女二人抱著陳文骨灰罈到陳家祠堂，一把大鎖已換成一對大鎖。難道為地翻臉的大伯，也不讓自己弟弟進入祖宗祠堂？

文妻和女兒在祠堂周圍搬了幾座閒置的花台疊落起來，把骨灰罈放置其上，落淚說：「女兒抱著你來，不能再抱著你走，我們留下你，能不能進得了祠堂，就看你自己的造化了。」

有人向陳野通風報信，他匆匆趕來，想來他是慌張緊張的，人和摩托車都摔得泥濘狼狽，文妻見狀默想：你欺負我們，但惹得起宇宙裡的神祕力量嗎？有種，你就把弟弟放在這餐風露宿……。

這一跤，把陳野摔得心虛，他趕緊把弟弟的骨灰罈請進祠堂。

女兒問：「媽，我們為什麼不告大伯？拿回我們該有的權利？」

「沒有借據，沒有收條，那個年代，連匯款都不會留下金流，告什麼？告了大概只會遭受羞辱。妳記得洪姨嗎？她做特種行業，供養全家，三個弟妹不但靠她完成學業，她去美國賺皮肉錢時，還替全家人先買好房子。」

年事已高的洪姨，十五年前在美國簽綠卡放棄書重返家鄉，想定居在台中，靠近家人得到些照顧。早年她為家人買的房子圈在重劃區，房宅現在加總市值好幾億，當她到第一個手足家裡提到需要資助時，「她一手養大的原生家庭，只願意給她這麼多。」文妻手豎三根手指跟女兒說這個故事。

女兒看著媽媽的三根手指問：「給她三百萬？」文妻說：「給她三萬。」

這三萬，充滿羞辱的意味，洪姨連拿都沒有拿就揮淚離台。為家付出一輩子，最後成了被家族遺棄的老孤兒。

有電腦紀錄金流的現代，已挽救不了他們早年的良善。

李律師解析

在這個案例中，弟弟出資買地是「借名人」，而哥哥是「出名人」。然而，不管如何親的親人，一旦出現借用名義登記財產，都應該確實運用書面「借名登記契約」，且一定要瞭解相關法律關係，同時也要保存「證據」，將來才不會淪於「人財兩失」，壞了手足感情，也損失血汗金錢。

我國《民法》中雖然沒有「借名登記契約」的規定，但實務上民間很常運用，此種契約屬於「無名契約」，或稱「非典型契約」。

所謂**「借名登記契約」是當事人間相互約定，一方（借名人）以他方（出名人）名義登記為特定財產的權利人，但仍保留特定財產的使用、收益及處分權限，他方允為擔任特定財產之權利登記名義人的契約**[1]**；這種契約的性質是「債權契約」**。

過去《土地法》未修正前的第三十條規定，限制農地的承受人必須有「自耕能力」，也常見私有農地買受人無自耕能力，而指定有自耕能力的第三人為登記名義人，買受人常主張其與第三人間有「信託契約」[2]，最高法院六十二年度台上字第二九九六號判例也認為「信託人將財產所有權移轉與受託人，使其成為權利人，以達到當事人間一定目的之法律行為」即為「信託契約」。

「借名登記契約」在台灣民間社會常被採用的原因，不外乎：規避法律上有關取得不動產物權的資格限制、避免稅捐負擔的加重、基於身分關係所為的財產配置、為避免債權人將來可能的強制執行、為隱藏借名人的財產狀態資訊等[3]，不一而足。

不動產借名登記契約的法律性質，其屬於「債權契約」、「無名契約」本無疑問，而其性質最高法院一〇三年度台上字第二四〇五號判決認為：借名登記契約其成立側重於借名人與出名人間的信任關係，性質與「委任關係」類似，應類推適用《民法》「委任契約」的相關規定[4]。

因為類推適用「委任契約」規定，所以有以下三點應注意：

一、出名人或借名人的任一方得隨時終止借名登記契約（《民法》第五四九條第一項）。

二、借名登記關係，因出名人或借名人的任一方死亡而消滅（《民法》第五五〇條前段）。

三、借名登記關係終止或消滅時，借名人可以向出名人或其繼承人請求將不動產所有權移轉登記，此為「債權請求權」，適用《民法》第一二五條一般消滅時效為「十五年」的規定。

其次就借名登記契約效力而言，目前實務見解朝向其「有效性」的方向解釋，亦即只要其內容不違反「法律強制、禁止規定」或「公序良俗」者（《民法》第七一條、第七二條），即應賦予其法律上的效力[5]。

再者，在不動產借名登記常生爭議的問題，是有關出名人違反「借名登記契約」，而處分借名登記的不動產，實務上有不同的見解，即：

一、有權處分說：該說認為不動產借名契約為借名人與出名人間的債權契約，屬於出名人與借名人間的內部約定，其效力不及於第三人，出名人未經借名人同意，將不動產移轉於第三人，出名人既登記為該不動產的所有權人，其將該不動產處分移轉登記予第三人，自屬「有權處分」。

二、原則上有權處分，例外於第三人「惡意」時為「無權處分說」：該說認為此一處分原則上為有權處分，但如果第三人為「惡意」時，才例外為「無權處分」。舉例，第三人明知「出名人」沒有「資格」，卻還是接受轉讓，此筆交易就不算數。

三、無權處分說：出名者違反借名登記契約的約定，將登記的財產為無權處分者，對借名者而言，即屬「無權處分」，除相對人為善意的第三人，應受「善意受讓」或信賴登記的保護外，如受讓之相對人係惡意時，自當依《民法》第一一八條無權處分的規定而定其效力，以兼顧借名者的利益。舉例，「出名人」原本就沒有「資格」進行轉讓，對「借名人」就是「無權處分」。若是出名人刻意為之，且接受轉讓的第三人「知情」，則交易無效；若第三人也是無辜的，則交易成立。此時借名人可向出名人請求賠償。

最高法院對於上述問題，即針對實務上的三說，於民國一〇六年二月十四日以一〇六年度第三次民事庭會議決議，採第一說即「有權處分說」。

實務上既有此見解，借名人於進行不動產借名登記時，一定要更謹慎並採防範措施，例如：「預告登記」……等，避免出名人擅自變更登記。如果不幸遭到出名人未經自己同意而處分移轉登記於第三人時，則可追究民事、刑事法律責任。刑事方面，出名人已涉犯《刑法》第三四二條背信罪，法定本刑為五年以下有期徒刑。

或者，如本案例中，陳文死亡，陳文與陳野間借名關係當然終止，陳文的繼承人即其配偶和女兒即可憑「借名登記」的法律文件及匯款「金流」做為「證據」，請求陳野應將其名下土地中所有權的二分之一，移轉予「借名人」陳文之繼承人的名下。

1 林誠二撰：〈由借名登記契約論不動產物權變動登記之效力〉乙文，載法學的實踐與創新（上冊），頁 402，民國 102 年 7 月 31 日初版一刷，陳猷龍教授六秩華誕祝壽論文集編輯委員會出版。

2 詹森林著：民事法理與判決研究（二），頁 308，2003 年 4 月初版第 1 刷，自刊本。

3 同註 1，林誠二撰前揭文，載法學的實踐與創新（上冊），頁 403～404。

4 吳任偉律師撰：〈「借名登記」法律關係何時終止？是否會因當事人一方「死亡」而消滅？〉乙文，載李永然律師等著：房地產買賣借名繼承與贈與法律手冊，頁 47～48，民國 107 年 8 月出版。

5 同註 1，林誠二撰前揭文，載法學的實踐與創新（上冊），頁 411。

09

為姊姊作保賠光所有積蓄，有家歸不得的辛酸誰人知
親人間的金錢借貸，如何建立安全界線？

有人還債，有人舉債，
虧欠之間，未必就是表裡一致的真相。

小淳和小善是要好的朋友，年差六歲，也算是忘年交吧。工作在上海也住在上海的小淳，每一季都會回台北休假一週，通常會關注一下自己儲蓄與金融投資所建立的資產，其中部分事情，也託小善代為打理。

小善恢復單身之後，因為挾傷而孤僻。唯有善淳兩人在一起時，她才會比較有活力。

她們本有自己的房子，而且都在蛋黃區，但是念及老後單身的可能性極大，兩人都覺得再添購一個小房子較實際，爾後可依情況選擇把大屋或小屋出租，這樣，一旦離開職場後，生活就不必過得太斤斤計較。

於是兩人一起去看了不少預售屋建案，終於在同一樓層各自買了比鄰的二房一廳小宅。

奈何，預購的小單位房子，遇到建案糾紛，之後能夠順利拿回訂金已屬萬幸，但是被動收入也因而不存在。

這麼早就安排益友做良鄰、這麼早就規劃老後經濟活水，按理，兩人都是謹慎自律女子，但是，哪裡想得到，二〇二四年，她們一次掏心翻出傷口，不僅各自坦承近年糊塗，也兩相對泣，百感交集。

小善告知：「我年齡比妳大一點，想得比較遠一點，總覺得自己既然孤家寡人，萬一有個什麼事，不要便宜了政府稅收，所以把自己的資產，一再陸續和平合法轉移給手足、晚輩，沒想到在關鍵事件上，他們的態度讓我看到令人寒慄的背信忘義。」

主動贈與，當然不會期待有所回報。小善不認為自己所做所為該受感謝，但是，當她需要一個情感支持的立場時，發現家人的應對毫無道德道義可言，這是對善良本質的挑釁，而這個雖非因利益而起的波瀾，難免啟動她正視審視「給予」的意義。

小善在這個過程得到新的生命結論，不要因為沒有子女，就把身家提前轉移給手足，她看到的真相是：親人家人不一定就會是善待自己的人，親人家人很可能成為製造傷口的陌生人。

把自己資產中極大比例在壯年之齡就分流給平輩晚輩，這些真金白銀試煉出來什麼？小善哭笑之間感慨良深：「就因為我是贈與者，我一再約束自己不可有過多期待的感情勒索，沒想到受贈者卻居高臨下很習慣感情霸凌，為了自保，我找了一些理財工具切斷這些不愛我的血緣關係。」

聽完小善的近期遭遇，小淳黯然坦白，她的狀況也出現始料未及的危機。

小善說：「妳幾年前把高租金的房子賣掉時，我就猜想妳已改變主意，沒打算回台灣跟我一起伴老了。妳那戶看得到樹海的景觀屋，留到現在，價錢又可以翻一倍了，我們真是守不住財。」

想了很久，小淳下了決心告訴小善：「我不只是不回來定居，也許以後根本不能再回來了……」

不回出生的地方養老，只有幾種可能，一是特別習慣也喜歡工作的異鄉環境、遇到可以婚嫁的關係人、配合家族成員的大遷徙……。

都不是。

小淳的棘手事，早發生在她賣自己景觀屋大房子的時候，她終於據實以告：「我給姊姊作保，之前賣房子的錢，只不過是給她緩了幾年催繳利息。」

那筆售屋款已經是很大的數字，但是銀行借貸的本金還不了，救急救緩都救不了命。

小淳跟姊姊素來感情深厚，覺得為姊姊的事業作保，完全是天經地義的事，但一塊不能變更使用項目的地，活生生把小淳姊姊套死了，而且，姊姊的一蹶不振還徹底拖垮了健康。

「我已經沒底了。也沒辦法再幫助她。這筆貸款將成為我無法償還的負債。」

想起小淳每次回來都提到要去探望姊姊，小善說：「妳不氣她嗎？」

小淳回：「只是難過，不會氣她，因為她是看錯投資，並不是存心欺騙我。再好的感情，再親的家人，也不能作保，保人就是舉債人，但是我明白已晚，現在一無所有。」

小善為小淳落淚，也為自己落淚。

親情，本當是生命裡重要的支柱，哪想到基於感情的本能與衝動，罔顧自身安危去抬舉腐木的時候，自己卻撐不住的被壓垮。

兩個鍾愛原生家庭的女子，述說兩個真實悲劇，她們一生自給自足，自珍自愛，只因為對手足充滿毫無防備的親愛，換來散財受欺，換來負債難敵。

她們難過的從來都不是房宅已無，儲蓄已薄，而是無言崩潰，自己一秉疼愛家人的善良，怎麼兌現來的，是命運多舛？是血親無良？

經典電影《教父》中有對白如是：沒有邊界的心軟，只會讓對方得寸進尺；毫無原則的仁慈，只會讓對方為所欲為。

無條件的給予雖是心甘情願，但是斗米養恩，擔米養仇，很多未婚或無子嗣的女性，因為對原生家庭一本善良，無條件慷慨的結果，養成對方得來全不費功夫的輕蔑。

大方會換大難？人性不是全然如此，但是人性經常如此。

李律師解析

我雖然是從事律師職業的法律工作，依然認為「親兄弟姊妹」仍須明算帳，將來才不會在金錢上牽扯不清，徒生傷感。

在親人手足間既然要明算帳，首先就談到「金錢週轉」的法律問題。如果自己給手足錢，且日後「不會想要」再要回來，等於是直接無償給予兄弟姊妹，則要成立「贈與契約」；反之，如果仍希望兄弟姊妹將來能返還，則應成立「金錢借貸契約」，雖然《民法》對於金錢借貸並未要求須訂立「書面」，但仍建議要「訂立書面」為宜，將來才可以有「證據」作依憑。

訂立「金錢借貸契約」時，建議應包含下列條款：借貸金額、借貸期限、還款日期、有無利息、有無違約金約定、有無擔保、其他只要不違反法律之強行規定或公共秩序、善良風俗的事項均可約定。

另外，自己的手足親人間，有時候會有利用「親人名義」做為「出名人」（俗稱人頭），例如：公司人頭股東或購買動產、不動產的登記名義人等。以購買不動產的借名登記為例，有些人會基於各種不同的原因，而借用自己所信任的親屬、朋友、員工、同事……等人「名義」，進行「不動產物權登記」，而自己則仍對該不動產為管理、使用、收益、處分，這在目前司法實務見解認為是「不動產借名登記契約」。

不可諱言，倘「借名人」所找的「出名人」的信用不佳，或「出名人」突然身故，即可能引發法律上的糾紛。

由於我國最高法院於民國一〇六年二月十四日以一〇六年度第三次民事庭會議決議，認為「出名人」如果擅自將登記於名下的不動產未經「借名人」的同意而處分，其法律效力是採「有權處分說」，該說認為借名登記契約是「出名人」與「借名人」間的「債權契約」，其效力不及於「出名人」、「借名人」以外的「第三人」；出名人既然登記為不動產的所有權人，則其將該不動產雖未得「借名人」同意而移轉於第三人，仍屬「有權處分」。

因為上開實務見解，導致對借名人造成相當高的法律風險，所以借名人一定要採取相關「法律」的「保護措施」。諸如：

一、訂立「書面」的借名契約；
二、自行保管「所有權狀」；
三、設定「抵押權」或辦理「預告登記」。

又借名人借名了一段時間，想要結束與出名人間的借名關係，可以隨時行使「終止權」；因為如前所述，借名不動產契約類似「委任關係」，可以類推適用《民法》中「委任契約」的規定[1]；此時，可依《民法》的規定[2]。

行使「終止權」時，可以用「郵局存證信函」或「律師函」；一旦終止後，借名人即享有對於出名人之「所有權移轉登記請求權」，該請求權為「債權請求權」，適用「十五年」的「消滅時效[3]」，且此一時效係自「借名登記契約終止」時起開始起算[4]。

可見想要運用他人名義為「登記名義人」，應訂立好「借名登記契約書」，並了解相關的法律規定，比較可保障權益。

1 參見最高法院 106 年度上字第 262 號民事判決。

2 《民法》第五四九條第一項：當事人之任何一方，得隨時終止委任契約。

3 《民法》第一二五條：請求權，因十五年間不行使而消滅。但法律所定期間較短者，依其規定。

4 李永然律師撰：「不動產借名登記及其紛爭的解析」乙文，載「借名登記、信託對家族傳承規劃法律手冊」，頁 3，民國 112 年 10 月，永然法律基金會出版。

10

價值觀不再同頻，為養女存錢買房的付出，能回收嗎？終止收養、終止借名登記，在法理上設下停損

要為值得的人傾囊相助，拒絕讓受法律保障的人綁架。
我們需要的不是親人，我們需要的是對我們好的人。

「氣完罵兩句就算了，幹嘛那麼計較。」
「上下兩代，不能事事都認為妳是長輩說了算。」
「就這麼一個女兒，別把關係弄壞，老了沒依靠。」

「現在孩子的孝順標準不同，妳做媽媽的也不能要求太高。」

「母女情深，心情放寬一點。」

當她哭訴事件的不悅時，聽到的安慰，好像都格外刺耳扎心，不但沒有優化情緒的代謝作用，而且更像指責她的成分居多。

有一天，面對不具支持性的安慰時，她突然跟最好的朋友崩潰嘶吼：「她不是我親生的，兩歲時辦理合法領養手續到現在快三十年，我一再傷透心，必須徹底解決所有問題。」

於是在所難免，官司興訟開始。

蘭蘭會揭開女兒非親生的祕密，不是用來說明領養的孩子沒有血緣就不值得珍惜，而是沉痛表達在這段母女關係裡，她確實真誠盡到母親的責任與付出。

做為一個領養母親，就算她沒有生育經驗，她也自信在養育過程裡，一切都是依循疼愛孩子的方式，擔任母親的無私角色。她合法辦理領養手續，這樣確認母女關係，不就是期待彼此能一生一世嗎？

至於領養的孩子，小晶的感受可能就另有解釋。總覺得很多不如預期的安排都陸續證明：不是親生的媽媽，就是不會給理想的照顧。

在小晶長大成人之前，母女二人關係是親密的；正因如此，她們之間跟每一個家庭相同，母親有母親的習性，女兒有女兒的個性，會拌嘴，也會撒嬌，會彆扭，也會和好。「領養」這個字眼，在她們心裡、生活裡、關係裡，最初根本沒有禁忌。

媽媽喜歡等打折的時候買需要物資，女兒覺得當下滿足需求比較實際，在金錢使用的手筆上，節省和大氣，當然讓母女大不同調。本來這也可以相安無事，反正各進各的門，各過各的日子，只要眼不見為淨，誰都不必扳倒誰的價值觀，但是，壞在有些時候，女兒的「喜歡」、「想要」不但常依賴媽媽的財務支援，還在態度上略顯強勢。

蘭蘭在小晶存摺帳戶裡安置的現金，相當於一戶房價。

有了孫子孫女後，她也要含飴弄孫，她也要代為照顧，所以小晶一提議住近一點，蘭蘭可興奮了，立刻開始洽購周邊的小坪數建案。房子很快就買好了。

如果名下多出一間房子，存摺裡的現金又未挪出，小晶的幸福感可能會百分滿點，但是房子是用已經在她名下的現金購置，她的歡喜心有了折扣，多出一些不必要的念頭。小晶忘記金錢與房子，本來就都是來自媽媽的給予。

在小晶的婚姻裡，曾發生過家暴事件，所以媽媽叮嚀小晶，動產和不動產都該採取一些安全措施，萬一日後真有難以控制的問題發生，至少能對自己的女兒起保護作用。這也是很一般的天下父母心呀！卻遭惹誤會，小晶認為媽媽有心破壞他們夫妻關係。

母女倆的感情在一次又一次的「妳這樣說」、「她那樣想」當中，起了微妙的變化。

齟齬發生後，領養成了衝突點，也成了放不下的癥結，因為很多的傾訴，都成了攻擊和被攻擊的弦外之音，她們彼此甚至無從分辨真實與謊言，陷入傷心的，當然不只是母親一個人。

「感覺」的爭辯，常常是說不清楚的，而這個不清不楚，加倍難以取得和解，因為甲方的意思，到了乙方耳裡，就是會有完全相反的認定。

在所有索取中，最後一次最小的要求，竟把母親累積的不安全感完全炸開，蘭蘭期待的是一句撒嬌式的道歉，小晶回覆的態度卻是年輕人訕笑似的「請便，不送」。

當「感覺」惡化到最高點的時候，律師、證據、法官、開庭，都成為裁決的依據。這個時候再進行溝通，已經難以起死回生。

因為相愛，因為緣分，她們曾經母女一場。

因為相憎，因為緣盡，她們選擇對簿公堂。

蘭蘭做了兩個決定。

多年前蘭蘭全額付清贈與小晶的新房子，雖然沒有公證「借名登記契約」，但是此刻，她不僅提供金流，立意收回小晶名下的房子，且同時訴請終止收養關係。

這兩個意向，在纏訟三年後都畫下休止符。

媽媽瘦了，女兒苦了，所有一切都木已成舟，小晶被限令期限歸還及搬離曾在她名下的房子，無可逆轉。

收養的女兒，是蘭蘭和先生戶口名簿裡唯一的孩子，長遠來看，除了沒有血緣，在社會上，在法律上，小晶這個養女就是獨生女，她有奉養父母的義務，也有百分百的繼承權利。

初起兩相怨懟時，有長輩們出面調解，明示暗示小晶只要懂得稍安勿躁的優勢，很容易就能繼續坐懷她是媽媽唯一的寶貝，可是說著說著，長輩發現無能為力，很遺憾孩子撕毀自己曾經擁有的最大依親侍親王牌，如今弄到盆翻碗破，視同陌路。

李律師解析

在我國《民法》規定「收養[1]」他人的子女為自己的子女時，「收養者」為養父或養母；「被收養者」是養子或養女。

進行收養時，必須注意以下五點：

一、收養者的年齡，原則上，應比被收養者長二十歲以上；

二、夫妻收養子女時，二人必須共同為之；不過如果夫妻的一方是收養另一方的子女時，則可以單獨收養；

三、子女被收養時，應得到子女之原生父母的同意；

四、養子女與養父母及其親屬間的關係，與「婚生子女」同。例如：養父母死亡，養子女也有繼承權，但「法律」另有規定的除外；

五、收養要以「書面」為之，同時還要向法院聲請「認可」。

由以上說明，在養父母與養子女間的關係，與婚生子女同；所以，如果在案例中的蘭蘭一旦年老往生，則蘭蘭所遺留下來的「遺產」，小晶就可以依法「繼承」，即享有「繼承權」。如果蘭蘭對小晶合法終止收養[2]，則日後蘭蘭往生，小晶就對於蘭蘭所遺留的遺產，沒有繼承權。

另外，在本案例中，蘭蘭利用「贈與」的方式，將現金存入小晶之銀行帳戶的存摺內，並用這一筆錢，買了小坪數房子，登記在小晶的名下。這種行為的法律關係有兩種可能性，即：

一、**贈與**：蘭蘭讓小晶無償取得房子的所有權，小晶成為「受贈人」，日後小晶對該房子享有管理、使用、收益的權利。不過法律上贈與還可分「單純贈與」及「附負擔贈與」，分述之如下，即：

1、**單純贈與**：如果沒有要受贈人承擔任何義務，即屬「單純贈與」。

2、**附負擔贈與**：即受贈人負有承擔義務，例如：受贈人接受贈與房子，該房子須讓贈與人住到終老為止，這也是一種負擔。如果贈與人想要有保障，擔心受贈的子女未來不孝，則可以運用「附負擔贈與」。

二、**借名登記**：所謂「借名契約」的關係，是以「借名人」的名義，登記成為不動產的登記名義人。例如：蘭蘭只是想借用小晶的名義，登記成為自己出資購買的「小坪數房子」之登記名義人，蘭蘭就是「借名人」，小晶只是「出名人」，實際上該房子仍屬於蘭蘭擁有實質所有權。

在此補充，進行借名契約時還需注意以下四點：

一、雖然借名契約是「不要式契約」，可以用「口頭」方式成立，但為了避免將來於借名關係終止後，要求返還時發生爭議，最好有「書面」契約才能保有有利的證據。

二、出資購買財產的資金、金流需留下相關憑證。

三、如果是不動產，因為有「所有權狀」，借名人最好自己保管土地、建物所有權狀。

四、終止借名登記，請求返還財產，此一請求權為「債權請求權」，適用「十五年」的消滅時效（《民法》第一二五條）。

在法界有個說法：孝順父母是最好的投資，子女如對自己親生父母或養父母懂得孝順，贏得父母的歡心，父母的「金錢」才會捨得給子女。但是，切記，煮熟的鴨子會飛喔！如果子女在情感上、情緒上、行為上、對應上，有施暴式的忤逆，掛在孩子名下的財產，父母可以走法律途徑追回。

1 收養與自己無血緣關係的他人子女，以「人為」創造親子關係，此屬於「擬制血親」。

2 收養的終止可分為「雙方同意終止收養」及「法院宣告終止收養」；前者須由雙方以「書面」合意，如果養子女是「未成年子女」時，還須向法院聲請「許可」（《民法》第一〇八〇條）。後者則於有《民法》第一〇八一條第一項下列四款事由之一：一、對於他方為虐待或重大侮辱；二、遺棄他方；三、因故意犯罪，受二年有期徒刑以上之刑的裁判確定而未受緩刑宣告；四、有其他重大事由難以維持收養關係。

法律應用問與答

——遺囑、繼承、贈與篇

Q：誰是你的「法定繼承人」？

A：除配偶外，依序為：1直系血親卑親屬（子女）↓2父母↓3兄弟姊妹↓4祖父母。此處需留意，配偶是不分順位，與前述繼承人共同繼承。（《民法》第一一三八條）

Q：什麼是「應繼分」？

A：在被繼承人沒有立遺囑或遺囑未分配全部遺產的情況下，將適用「法定繼承」。

而「應繼分」不同於「特留分」之處，應繼分是各繼承人對遺產上的一切權利義務，所得繼承的比例。其繼承順位依序為：「直系血親卑親屬（子女）↓父母↓兄弟姊妹↓祖父母」。在此需留意：

一、配偶無論與哪一順位共同繼承，皆有應繼分。

二、同一順位的繼承人為共同繼承。若某一順位全無繼承人，則由下一順位全部繼承人共同繼承。

Q：什麼是「特留分」？

A：「特留分」是指繼承開始時，應保留予法定繼承人之遺產的一部分。根據《民法》第一一八七條，遺囑人於「不違反特留分」規定之範圍內，得以遺囑自由處分遺產。

因此，不論心情上能否接受，「特留分」的存在是為了避免被繼承人的財產分配過於偏頗之故。

當遺囑或遺贈分配不均（違反特留分）時，繼承人可向受贈人或其他繼承人爭取自己可得的分額。

依據《民法》第一二二三條，不同順位繼承人的特留分，規定如下：

一、直系血親卑親屬的特留分：其應繼分的二分之一
二、父母的特留分：其應繼分二分之一
三、配偶的特留分：其應繼分二分之一
四、兄弟姊妹的特留分：其應繼分三分之一
五、祖父母的特留分：其應繼分三分之一

Q：配偶與各順位繼承人的應繼分，究竟怎麼分？

A：配偶有相互繼承遺產之權，其應繼分如下：
一、與「直系血親卑親屬」同為繼承時，其應繼分與他繼承人平均。
二、與「父母」或「兄弟姊妹」同為繼承時，其應繼分為遺產二分之一。
三、與「祖父母」同為繼承時，其應繼分為遺產三分之二。
四、無第一順序至第四順序繼承人時，其應繼分為遺產全部。

Q：遺囑有哪些類型？都需要見證人嗎？

A：「遺囑」是遺囑人為其於死後發生效力為目的，依「法定方式」所為的「單獨行為」。在此需留意，遺囑是「要式行為」，也就是必須依

繼承順序	身分	應繼分		特留分	
		各順序繼承人	配偶	各順序繼承人	配偶
1	直系血親卑親屬（子女）	平均分配		應繼分 ×1/2	應繼分 ×1/2
2	父母	1/2	1/2	應繼分 ×1/2	
3	兄弟姊妹	1/2	1/2	應繼分 ×1/3	
4	祖父母	1/3	2/3	應繼分 ×1/3	
* 若子女已離世，但有「孫子孫女」，則孫子女（直系血親卑親屬）可以「代位繼承」其父或母原有的應繼分。					

照法律要求的方式進行，否則可能會無效或影響其效力。我國《民法》所規定的遺囑依其「方式」的不同，分為：自書遺囑、代筆遺囑、密封遺囑、公證遺囑及口授遺囑等五種。其中「公證、密封、代筆、口授」均須有「見證人」。

Q：誰不能當「遺囑見證人」？

A：未成年人、受監護或輔助宣告之人、繼承人及其配偶或其直系血親、受遺贈人及其配偶或其直系血親、為公證人或代行公證職務人之同居人助理人或受僱人。（《民法》第一一九八條）

Q：什麼是「遺囑執行人」？

A：遺囑執行人，顧名思義就是依照被繼承人的遺願，負責「執行並實現」遺囑內容的人。包括管理遺產、執行遺囑內容、清點遺產、通知繼承人等。

立遺囑時，可以在遺囑中指定遺囑執行人，或者委託「他人」指定遺囑執行人。受委託者，應在繼承開始時，盡速指定遺囑執行人，並通知其繼承人。

Q：什麼是「遺贈」？

A：立遺囑人透過「遺囑」的方式，將其財產無償贈與特定人（即受遺贈人），並在立遺囑人過世後執行，即是遺贈。

Q：什麼是「贈與契約」？

A：「贈與」是當事人約定，一方以自己的財產無償贈與他人，他方允受的契約。（《民法》第四〇六條）。贈與契約有「單純贈與」和「特種贈與」之分。

單純贈與，單純一方對他方無償給予財產為內容，沒有其他「負擔、條件、期限」的約定。

特種贈與，可再細分為「附負擔的贈與」、「定期給付的贈與」、「附條件或期限的贈與」、「死因贈與」等。

特別需要一提的是「附負擔贈與」，其乃於《民法》第四一二條中規定，「附負擔贈與」乃使受贈人負有一定給付義務的贈與，所以受贈人也負有應為一定給付的義務。

Q：一般贈與VS附負擔贈與，有什麼不同？

A：一般贈與，一方以自己之財產無償贈與他方，受贈人不用負擔任何給付義務；反之，「附負擔贈與」的受贈人需負一定的給付義務。當贈與人已履行給付，而受贈人不履行其應負擔的義務時，贈與人得請求受贈人履行，或依法撤銷贈與。（《民法》第四一二條第一項）

Q：什麼是「借名登記契約」？

A：借名登記契約是雙方當事人間相互約定，「借名人」以「出名人」的名義登記為特定財產的權利人，但仍保留財產的使用、收益及處分權限，而他人允為擔任特定財產之權利登記名義人的契約，此為「債權契約」。

最高法院一〇三年度台上字第二四〇五號判決認為：借名契約其成立側重於借名人與出名人間的信任關係，性質與「委任關係」類似，類推適用《民法》「委任契約」的相關規定。（參見黃斐旻律師主編：「借名登記、信託與家族傳承規劃法律手冊」，頁1~2，民國112年10月出版，永然文化出版公司出版。）

Q：什麼是「處分權」？

A：所有人於法定限制的範圍內，得自由「使用」、「收益」、「處分」其所有物，並排除他人的干涉（《民法》第七六五條）。所以「處分權」是所有人之所有權的權能之一。

Q：什麼是「預告登記」？

A：「預告登記」是為了保全他人對於不動產的請求權，因此所有權人的不動產如果被「預告登記請求權人」做設定之後，要「移轉」所有權或「設定」其他權利，就必須經過「預告登記請求權人」的同意。

（參見李廷鈞撰「不動產預告登記是什麼？如何運用『預告登記』保障權益？」乙文，載黃斐旻律師主編：「家庭傳承：遺產繼承與家事事件法律手冊」，頁 27，民國 113 年 5 月永然法律基金會出版。）

Part
2

未雨綢繆篇

——關於意定監護、預立醫療決定、保險規劃的安與危

颱風來臨前，我們會儲糧儲水，為防災做好準備。
然而，面對沒有預報的疾病與無常，
我們是否也能提前做好規劃？
選定心儀的照顧者，決定適當的醫療方式，
備好未來的生活花用，
盡可能做到不讓子女為難，也不給歹人有機可趁！

11

房子我買的，爸媽我顧的，天邊孝子還要我放棄繼承？
健康時先規劃：失智誰來顧？哪個孩子說了算！

子女是父母用生命投注的有價證券，
有些會回饋愛的紅利，適合長期持有，
有些是融資爛帳，含淚認賠才能保命。

阿靜一生有三錯，第一，她是女兒；第二，她是沒有結婚的女兒；第三，她相信把個人財物交給父母，建立老人家的安全感是必須的孝順。

父母一向認為阿靜強到不必特別照顧，阿靜在美麗的讚美中，忘了自己，也忘了自己會有老後。

有一天，阿靜清理家務，從沙發底下掃出一張房屋稅扣繳憑單，才驚慌發現她買給爸媽的電梯養老房，已經在多年前過戶給弟弟，爸媽還一直謊稱是弟弟在付房租，她反而遷就的陪爸媽住在舊宅樓梯公寓。

她可以用金流證明早先房子是她的置產，但是父母按百分比在暗地裡逐年轉移給弟弟的不動產贈與，能取得回嗎？他們的互通有無算是竊盜？詐欺？還是侵占？她在幾年之內可以採取法律追訴？

然而，她還來不及鞏固自己的權利，媽媽就先發作罵她是小偷，而且天天罵、月月罵，阿靜跟老同事哭訴這些責難，才知道老人出現常態性的攻擊行為，是失智的症狀之一。

果然，繼父親的失智，母親也真的失智了，差別在，父親的失智是沉默不語，母親的失智伴隨她重男輕女的偏執，顯得加倍憎厭阿靜。

美國定居的大哥、有自己家庭的大姊、生活在南部的弟弟，這一家兄弟姊妹，個個都有充分理由無法就近照顧父母，所以完全沒有經過討論，身為大齡未婚居家女，阿靜理所當然成為唯一承擔責任的照顧者。就算有外籍護工阿珊幫手，但兩個人合力照顧兩個凸槌老人，還是很不輕鬆。

阿靜深怕阿珊不甘勞累落跑，深思後決定，向工作二十年的公司辭職，老闆認同她過去業績的價值，破天荒給她一筆制度外的大額獎金，讓她更有底氣面對新的「長照職場」。

衡量照顧父母的固定開銷，阿靜在家庭群組裡率先表態她能提撥多少孝養金，希望其他三位手足也能有確切分攤費用的額度，讓她便於規劃父母的生活。

結果，曾掌握媽媽存款的大姊，早已陸續把現金挪移給弟弟，父母未來的生活費用，竟以三比一投票決定，要阿靜每月持收據向他們「請款」。

照顧父母有時已不是孝順選擇，而是善良本能，阿靜在氣炸的狀況下，明知兄弟姊妹誰都可以眼不見為淨的遺棄父母，她卻做不到甩門走人。

於是她把父母雙雙送進同一家機構，自己每天像上班一樣的前去陪伴；爸媽住在各自房間，出現在公共區域時卻相互不認識，這些感傷，在父母都還沒有出現身體衰弱痛苦時，阿靜還能勉強適應狀況。

後來，在媽媽明明還可以自己進食時，突然出現的長子跑去找醫生，要求簽署不插管餵食，阿靜覺得莫名其妙，和兄長大吵一架：「媽媽又不是植物人，萬一需要時還不插管餵食，是要我餓死她嗎？如果這是你的用意，就請你自己來執行。」爸爸血尿時，長子只會問：「不救會不會死掉？」

老人免疫系統下降、衛生習慣難以控制、氣溫高低各有感受、衣服穿脫不易拿捏，父母一會兒發生皰疹，一會兒尿道感染，怎能都怪照顧者？那些偶而出現在機構的家人，只是沾一下醬油就走，憑什麼意見特別多？

照顧者是真正跟被照顧者相處的人，別說噓寒問暖了，哪怕只是嘛嘴挑眉，都能一眼看穿需要。

遠方孝子沒有醫學常識，沒有照護經驗，只出一張嘴不斷要求懂這些的阿靜照章操課。

機構照顧者不知該聽誰的，主管阿長找阿靜深談：「明明是妳在照顧，為什麼每個人來都有這麼多意見？我們真的很為難。」

「以我的意見為主。」

在阿靜說完這個決定後不久，發生意想不到的事，「家人」不但聯合起來控告天天在機構與醫院的主要照顧者阿靜，還要把父母送到鄉下長照單位。

「為了節省長照費用」、「為了教訓我不聽他們的指揮」，這兩個推論理由，是阿靜覺得自己成為被告的原因，其實這是阿靜可以順勢脫身的機會，可是，她卻選擇奉陪，開始為保護父母打監護權官司。

有長照機構工作人員的作證，有法務人員倫常的合理推論，失智的雙親怎能隨便更換養護環境？阿靜的勝訴，決定她將從此一人承擔雙親的責任，但有什麼關係？一直以來，本來就都是她一個人處理父母的事，從開始的委屈憤怨，到後來的處理解決，她明明白白以心念自療，父母健康時不疼愛她，她卻不能在他們老邁時放下心疼。這是阿靜接受的宿命。

慢慢回想一些不合理舉措，她覺得媽媽在分配財產的過程裡，根本已是失智狀態，手足們也利用機會製造種種不公，因為不怨嘆媽媽對待她的方式，成就阿靜意想不到的毅力。

當手足們要求她在媽媽身後拋棄繼承，她斷然拒絕，雖然她拿不到任何現金，但是媽媽名下的房子她有八分之一產權，而且現在是她住在裡面，大家都別想變賣、繼承、擁有，這樣會膠著到何年何月？她真的無所謂。

在父母身上耗費十多年青春的阿靜，目前唯一的堅持就是，休想讓沒有好好照顧父母的親手足痛快拿走房產。

近日，弟弟要她提供圖章和身分證，阿靜連理由都懶得問，直接拒絕，她可不會再給手足有機會陷害自己，共同房子要是再被冒名售出怎麼辦？

李律師解析

阿靜居於孝心，買「電梯養老宅」送給爸媽，爸媽卻背著阿靜將房子送給弟弟，事後才發現此狀的阿靜，能取回房子嗎？

由於案例中明白表示房子是買給爸媽，爸媽又「贈與」給弟弟，既然是基於孝心將房子送給爸媽，爸媽也是所有權的登記名義人，在法律上自然就享有「處分權」。然而爸媽因「重男輕女」，自願偏心地將房子「贈與」給阿靜的弟弟，因此，阿靜在法律上無法要回「電梯養老宅」。

如果不希望自己花錢買給父母的孝親房，在不知情、非本意的情況下落到別人名下，在贈與「行動前」，阿靜有以下三種選擇：

一、將房子**登記在自己名下**，**再無償提供給父母居住使用**，其實這也是孝順的表現，日後也不會發生像案例中所述的情節，使自己傷心不已！

二、將房子「**贈與**」**給父母**，**登記於父母名下**，**同時辦理**「**預告登記**」，委託「地政士」（俗稱：土地代書）到「地政事務所」辦理。預告該房子，未獲得阿靜的同意，不得進行所有權移轉、抵押權設定[1]或其他負擔的行為。

三、如果阿靜並沒有打算將房子贈與給爸媽，只是基於其他考量，打算借用「爸媽」名義登記，但願意將房子提供給「爸媽」無償使用[2]，阿靜可以與爸媽成立「**借名登記契約**」，日後爸、媽相繼死亡，則借名契約終止，爸、媽名下的「電梯養老宅」阿靜可以請求返還登記，而不會成為「遺產」，進而由「法定繼承人」即阿靜的兄、姊、弟共同繼承。

若選擇第三種方式，阿靜借用父母名義登記為「電梯養老宅」所有權人時，建議除訂立「書面」借名登記契約外，還要做以下三件事：

一、自己保管房屋、土地所有權狀；

二、自己繳納房屋稅、地價稅，並保管好稅單；

三、委請「地政士」辦理「預告登記」，未得阿靜的同意不得進行買賣或贈與等所有權移轉登記。

在案例中，阿靜與自己的哥哥、姊姊、弟弟為了父母的失智照顧及生病的醫療處置也有爭執，在這裡我也想向已邁入「超高齡社會」的台灣朋友，分享以下兩個法律觀點：

一、**預立醫療決定**：一個人「生、老、病、死」是難免的，但高齡生病、失智，甚至成為植物人，面對此景的家人，在醫療上要如何選擇？到底是插管或不插管、救或不救……讓做決定的人左右為難。

我國自民國一〇八年元月六日起實施《病人自主權利法》，建議國人可在身心健康時進行「預立醫療決定」，事先立下「書面」的意思表示，指明處於特定臨床條件時，希望接受或拒絕維持生命治療、人工營養及流體餵養或其他與醫療照顧、壽終等相關意願的決定。在有能力的時候，就先為自己未來的醫療決定做出選擇，避免家人間產生不必要的爭執。

二、**訂立意定監護契約**：《民法》中的「監護」規定，有「未成年人監護[3]」與「成年人監護」之分。在案例中，因為阿靜父母已經失智，阿靜與自己的哥哥、姊姊、弟弟意見不合，嗣後針對由誰擔任父母的「監護人」也打「監護權官司」。

如果阿靜的父母能於自己未失智前，就做好「意定監護」，則可避免子女為了要由誰擔任監護人的問題，還要跑到法院去打「監護權官司」。實務上應如何進行，我也用以下兩點說明：

1、**成立意定監護須訂立書面「意定監護契約」**。契約「訂立」後，其內容仍可「變更」，不論訂立或變更「意定監護契約」，應由「法院公證人」或「民間公證人」作成「公證書」。公證時，委任的本人、受任人都需在場，並向公證人表明雙方的「合意」（參見《民法》第一一一三條之三），契約內可以載明受任人是將來的「監護人」，另外同時可指定「開具財產清冊之人」[4]。未來如果有「監護宣告」，設置「監護人」的必要時，「法院」原則上會依「意定監護契約」內所指定的「受任人」為「監護人」。

2、如果沒有「意定監護契約」，而有「監護宣告」的必要時，必須依《家事事件法》的規定向家事法庭提出聲請，法院再依職權就配偶、四親等內的親屬、最近一年有同居事實的其他親屬、主管機關、社會福利機構或其他適當之人選定一人或數人為「監護人」，並同時指定會同開具財產清冊之人。這種案件如果遇上配偶或相關親屬爭執時，就會在「家事法庭」內相互攻伐！

1 抵押權有「普通抵押權」及「最高限額抵押權」之分；前者乃指債權人對於債務人或第三人不動產移轉占有而供其債權擔保的不動產，得就該不動產賣得價金優先受償的權利。至於「最高限額抵押權」乃指債務人或第三人提供其不動產為擔保，就債權人對債務人一定範圍內的不特定債權，在「最高限額」內設定的抵押權。

2 此種行為屬於「使用借貸」，這種契約是物之所有人將自己之物交付他方，約定他方於無償使用後返還其物的契約（《民法》第四六四條）。

3 未成年人其父母為其法定代理人，但如未成年人無父母，或父母均不能行使、負擔對於其未成年子女的權利、義務時，應置監護人（《民法》第一〇九一條），此即「未成年人之監護」。

4 依《家事事件法》第一六八條第一項規定：家事法庭為監護宣告的裁定，應同時選定監護人及指定會同開具財產清冊之人，並附理由。又依《民法》第一一一三條之四第一項後段規定：「意定監護契約」已載明「會同開具財產清冊之人」者，法院應依「契約」所定者指定之；但「意定監護契約」未載明「會同開具財產清冊之人」或所載明之人顯不利本人利益者，法院得依「職權」指定之。

12

當我一病不起，只剩呼吸！救與不救誰決定？

有備無患第一步：預立醫療決定，避免長照磨難

信任如同不穩定貨幣，千萬不要孤注一擲，
投資不當瞬間血本無歸，起手無回注定萬劫不復。

佟二接到電話趕到醫院，侄子正在聽取醫生的病情分析。

哥哥佟大有失智症狀約兩年，因為還沒有到最壞狀況，偶而特別清醒時，會跟佟二說：「我的同學都孤孤單單的在安養院，很可憐，我比較喜歡住在家

裡，也喜歡自己刷牙洗澡。」

佟二說：「我知道你的意思，也會照你的意思安排未來的生活。」

此刻，佟大診斷重度中風。

如果手術，沒有把握預後成效；如果不手術，可能就錯過黃金治療時間。

侄子不說話，不結論。

知道在場都是關係人，醫生用很尋常的態度表達：「你們家屬討論一下再做決定，但是需要爭取時間。」然後醫生暫時迴避離開。

雖然輪不到佟二妻說話，但佟大妻在世時，妯娌倆情感深厚，她與佟大也很親近，因不方便直接干涉侄子，只敢眼睛看著佟二說：「有個演員納豆中風嚴重到人都廢了，結果女朋友堅持手術，不但搶救回來，後來還結婚了。」

佟二緩和制止妻子發言，直接問侄子：「我也覺得要立刻做手術。但，還是以你的決定為主。」

侄子沒說話，遞上手機，上面正在播放一則視頻，是一個女性護理人員在分析：「他這麼年輕，搶救回來又有機會復原，從此重新活個幾十年，完全無損生命價值。但如果是一個老人，插管、電擊、氣切，救回來又怎樣？還是只能躺在那裡而已。所以搶救不搶救，還是需要有很多主觀條件介入評估。」

面對生死醫療的決定，每個角色都有各自的壓力，侄子向佟二妻解釋自己考量的方向：「那個納豆很年輕，爸爸沒有那樣的體力，就不會有那樣的機會，而且，爸爸還是失智狀態，手術太折騰他了。」

佟二知道侄子已有答案，侄子希望透過他的支持再下決定？這之中的道理是很容易明白的，但是，那種「算了吧」的放棄感覺，讓自己很不舒服。他是我的兄弟，現在我們都嫌他重？

醫生去而復返。

在這個現場，父子關係比兄弟立場有主權，最後，佟大沒有進手術房。

即使不手術，還是有必要的治療程序，從急診室到普通病房，再從普通病房回到家裡，佟大沒有「走掉」，也沒有「好了」。

本來可以坐在沙發看電視、玩益智遊戲、用瓢吃飯的佟大，現在只能平躺、躺平，無聲無息每個日夜。

兩個月之後，侄子告訴佟二：「我們時間能力分配都到了極限，我們只能把爸爸送到安養機構。」

「不要把他送到機構。」佟二覺得自己對哥哥有過承諾，不會讓他孤孤單單，他算了算日常開銷：「我知道就算爸爸有媽媽的半俸可用，你們長時間負擔還是很重，不管開銷多少，今後我出一半費用，請你們把爸爸留在家裡。」

最後的結果，佟大還是進了安養院。兒子申請部分長照補助，加上佟大繼妻子的半俸，每月，還會溢出一點閒錢，最重要的是侄子這一家，生活裡變得毫無牽掛，剛開始還偶爾去探望父親的心思也逐漸褪去、淡去，一直到毫無痕跡被洗去。

只要臥床，體能必定加速摧毀，要不了多久，各種感染，各種急救，就會開始交叉發生。

中風初時，佟二希望透過手術搶救哥哥，但是哥哥的兒子選擇相反決定，現在眼見病榻上各種明管暗管只為延命而折磨肉體時，佟二難過的說，再有緊急狀況，就放棄急救吧！但是，到了這個階段，佟大意外連連，有突發狀況時，侄子竟不肯簽署放棄急救同意書。為什麼？

社會上有一些傳言耳語，暗指有些家庭把植物人當作被動收入項目，只要沒有正式死亡，因病者之名可領的補助、保險、退俸就不會終止，這是「先進國家病亡平均歷程八星期」，「台灣病亡平均歷程八年」的可能原因，果真如此，家庭倫理是何其殘忍的在塗炭親人？

高齡社會尚未衡量善終權有其必要之前，**健康的老者即該在頭腦清明時居安思危，做好多角度規劃，既不要為難真正孝順的孩子捨不得放手，更要防備榨盡最後剩餘價值而蓄意蝕骨的長輩平輩與晚輩。**

佟大知道兒子是可靠的親人嗎？佟大知道胞弟佟二是很有肩膀的那種漢子嗎？他可曾思索過，如果兄弟之間互簽意定監護人？如果他簽署安寧緩和醫療意願書，是不是真的可以免除無效急救，杜絕侵入性治療，避免人工維生醫療所帶來的痛苦？

李律師解析

佟家兄弟的案例給「健康、神智清醒」的我們一個觀念——為了未來可能生病的自己，可先做好預立醫療決定。因為我國自民國一〇八年元月六日起已有《病人自主權利法》，該法是為病人醫療自主、保障病人的善終權益而制訂。

所謂「預立醫療決定」乃指事先立下的「書面」意思表示，指明處於特定臨床條件時，希望接受或拒絕的維持生命治療、人工營養及流體餵養或其他與醫療照護、善終等相關意願的決定。

如果民眾希望預立醫療決定，必須是具有「完全的行為能力」，也就是能獨立以法律行為取得權力或負擔義務的人，並按《病人自主權利法》第九條第一項的程序辦理，即：

一、經醫療機構提供「預立醫療照護諮商[1]」，並經其於預立醫療決定上核章證明；

二、經公證人（法院公證人或民間公證人）公證，或具完全行為能力者二人以上在場見證；

三、經註記於「全民健康保險憑證」。

在此也應注意，哪些人「不能」當見證人？即意願人的「醫療委任代理人、主責照護醫療團隊成員、意願人的受遺贈人、意願人遺體或器官指定的受贈人及其他因意願人死亡而獲得利益之人」都不得擔任「見證人」（《病人自主權利法》第九條第四項）。

民眾如果已於清醒時，預先完成「預立醫療決定」，一旦生病時，在何種情形下醫療機構或醫師可依「預立醫療決定」的內容處理？

依《病人自主權利法》第十四條第一項規定，病人符合下列「臨床條件」之一，方得依病人所「預立醫療決定」終止、撤除或不施行維持生命治療或人工營養及流體餵養之全部或一部，即：末期病人、處於不可逆轉的昏迷狀況、永久植物人狀態、極重度失智、其他經中央主管機關公告之病人疾病狀況或痛苦難以忍受、疾病無法治療且依當時醫療水準無其他合適解決方法的情形。

1 《病人自主權利法》第三條第六項：「預立醫療照護諮商」指病人與醫療服務提供者、親屬或其他相關人士所進行之溝通過程，商討當病人處於特定臨床條件、意識昏迷或無法清楚表達意願時，對病人應提供之適當照護方式以及病人得接受或拒絕之維持生命治療與人工營養及流體餵養。

13

當我失智失能，誰能照我心意，代管財產到最後一刻？

有備無患第二步：意定監護契約，避免淪為詐欺羔羊

預測危險比預知安全重要，選對監護才可能免於受虐。

台灣社會一再發生無自主能力者遭到有心人士侵占財產的情節，其中受害者甚至包括有社會地位人士。

遊走法律邊緣的智慧型詐欺犯，是如何從法院公證取得老人們的合法監護

權？再順理成章接管他們名下的所有財產並蠶食鯨吞占為己有？

二〇二一年根據美國真實新聞改編的好萊塢賣座電影《詐欺女王》，整個情節手法真是怵目驚心，讓人看懂衰弱身體與衰弱智能會得到多大意外的欺負。

老人認知能力和心臟狀態，大概無法負荷《詐欺女王》的震撼強度，但是對已過中年的父母或單身，千萬在頭腦清楚的階段，就要懂得未雨綢繆之必需，精選一個真心真意照顧自己的人，讓未來生活、醫療權益得到合宜的善待。

什麼是意定監護？什麼樣的人適合成為「意定監護人」？成人世界，誰會需要被監護呢？

監護的主要意涵在於保護，保護失能失智及一切不可自理生活的對象。過去幾十年，這些受監護的對象，多半是身心狀況不好的低收入戶，這些特殊條件的人，得有監護宣告、法定監護等保護，而社工團體則是主要的人力輸出監護單位。

在超高齡社會，一般安定家庭，也開始出現親人之間需要特別照顧的成員，由於財產分配的轉移，健康照護的扶持，責任義務的失衡，需要照顧的人越來越多，產生的糾紛也越來越嚴重。

民國一〇八年五月民法修正新增「意定監護制度」，只要在心智健康狀況下，任何人都有權選擇自己信任的對象委任監護人，受監護人一旦喪失自主行為能力，受任監護人就可以全權做主安頓受監護人的所有事務。

有能的失能者，可能較早有警覺心，會在及早時間主動安排照顧自己的人，也就是根據個人的意願，選擇監護人，並在法律上完成法院公證簽屬程序，這個監護人就可以全權代表受監護人，以分身行使本尊的所有權利，包括生活、醫療、財務上的錙銖事務。一個受監護人，可以同時擁有三個監護人，三權並行或依序分工，皆可在意定監護契約上明定。

人老體衰之前，到法院公證「意定監護人」的重要性絕不低於「預立遺囑」，因為監護人是受任管理自己生時所有託付，遺囑則是身後執行細節，那麼，現實一點的說，「在告別世界最後一分鐘以前的盡量安好」，是不是比身後看不到的變數要優先考量？當然，這兩件預備事項基本上最好能同步進行。

在七十歲的老人叢中，阿甄具有健康管理型人格，所以周圍年屆日落黃昏高齡的朋友，會把生活上的委屈，拉拉雜雜說給她聽。

阿甄聽完各種委屈後，先分門別類做出故事紀錄，再一一查詢法律實例，整理出一套素人法律常識筆記。她在多次諮商律師與心理師後，試著整理出尋常百姓生前身後最需要預習的功課。

阿甄想透過「自己路過」、「他人經過」的實際事件，奠定更符合高齡社會的觀念，希望每個有子女的老人與無子女的單身，都能免於恐懼，掌握屬於自己好好活著的生存資格與模式。

阿甄有良好的社交基礎與社會關係，身心健康的她，熱衷學習，熱心公益，但是因為獨身獨居，早早觀察自己心儀的意定監護人，且擬好日後監護契約的大致內容：

一、基於我對甲乙二位閨密人品人格的信任，意欲委任甲乙同時擔任我的意定監護人。

二、在委任關係中，深信甲乙監護人會貫徹我的身心期待，得以完全作主保護我最大利益，無須承受來自我的家屬或其他人的干涉。

三、為免影響監護人生活作息，甲乙有權使用我之儲蓄另聘看護，但是需責任監督，確保我不會受到不良對待與虐待。

四、甲乙每月各自得支五千元監督費。

五、本人財力一般，所以並無財產信託，如果遇到醫療或其他經費不足，可直接找朋友A借貸，我已設定A為保險受益人，日後足以歸還所有借貸。

監護人的權責範圍很「大」，所以，有些父母沒有行為能力之後，子女不惜訴訟爭取監護權。

其實真正想盡孝道，手足之間約定責任、分配照護就好，為什麼沒有人願意獨盡義務，卻要獨享監護權呢？其中的奧祕，多是貪字當頭，善字滅絕。因為監護權可以正當使用動產、不動產的轉移。

有反對派認為不以家人為自然監護人，會破壞家庭倫理的道德觀念，但是人之所以受危、受欺，無限悲涼的大來源，居然是因為家人吃乾抹盡後的拋棄。

意定監護人之「意定」二字，護佑當事人依照自己的自由意志決定合法監護人，政府法令既允許監護人「可以不是親人」，自然有其多重含義，至少默許承認，受監護人自己最敢信任、最敢託付的人，真的不一定是家人或親人。

在受監護人離開人世的那一分鐘起，意定監護人立即喪失所有照顧或主導立場，後續諸事，遺囑的執行才是唯一依據。

到底誰最可靠？沒有答案。因為只要人心不善，每一個選擇都可能前有狼後有虎。

李律師解析

台灣已於民國一一四年邁入「超高齡社會」，若能無病無痛安養到老，可謂一大幸事。若是遇上「失智症」攪局，不僅照顧不易、有走失風險，更可能遭有心人「金融剝削[1]」。

法律為了保障精神障礙或心智缺陷，於《民法》訂有「監護宣告」與「輔助宣告」的制度，透過監護人、輔助人及法院的監督，藉以保障監護宣告或輔助宣告之人的權益。又為落實「當事人自主原則」，對於成年人的「監護宣告」，讓本人於「思慮清晰、心智健全」時，先與未來的受任人（監護人）約定「意定監護」。

其實我國《民法》原本只有「法定監護」的規定，但到了民國一〇八年間透過《民法》修正，而新增「意定監護」制度。如果成年人已有監護的必要，法院要法定何人擔任其監護人時，倘其已先有「意定監護契約」存在時，則尊重在意識清楚時所預選的監護人選，較能保障受監護宣告人的權益。

如果打算在自己頭腦意識清楚，辯識能力足夠時，要先安排「意定監護」，究竟要如何訂立「意定監護契約」？

依《民法》第一一一三條之二第一項稱「意定監護」，乃指本人與受任人約定，於本人受「監護宣告」時，受任人允為擔任監護人的契約。此種「意定監護契約」為「要式契約」，其訂立或變更，應由「公證人」作成「公證書」始為成立，至於其效力則係於本人受監護宣告時，才發生效力（《民法》第一一一三條之三）。

如果想要成立「意定監護契約」應注意以下四點：

一、受任人可以是「一人」或「數人」，如有數人時，除約定為「分別執行職務」外，應共同執行職務；

二、進行意定監護契約公證時，「本人」及「受任人」均應在場，並向公證人表明其「同意」；

三、意定監護契約可以同時載明「會同開具財產清冊之人」；

四、意定監護契約可以約定不給付報酬；如未約定「不給付報酬」時，「監護人」得請求「法院」按其勞力及受監護人的資力酌定報酬。

在這個案例中的阿甄，已有心儀的意定監護人，並擬好書面「意定監護契約」共五條約定，以下就針對每一點的可行性，提出我的觀點與建議。

一、阿甄依法可以指定「數人」擔任監護人，但需明確分配各自職務以及共同執行的任務，避免監護人之間因為「求好心切」而產生爭執或爭議。

二、監護人應該依受監護人的「最佳利益」行事。但法院仍保有「監督權」，若家屬發現監護人有不當行為，仍有權向法院申請更換監護人（《民法》第一一一二條之一），因此無法如阿甄所想「完全不受干涉」。

三、監護人可用受監護人的財產聘請專業且適任的照護人員。同時如阿甄所交代，監護人需要確保此人不會出現不當照護。在此需注意，除了合理的、必要的照護支出，監護人不得任意挪用受監護人的財產，法院可能會請監護人提供財務使用狀況的說明。

四、在意定監護契約中，受監護人可以明定每月報酬，但金額需合理，也需確認其財產足夠支付到終老。

五、阿甄計劃以「保險受益人」的保險金來確保還款的金源，此部分涉及對受監護人財產的處分，法院可能會審查是否符合「受監護人」的利益。另外，如果意定監護的委任人欲授予意定監護人《民法》第一一〇一第二項、第三項的權限[2]，則可以於「意定監護契約書」內約定。

綜上所述，遇到家中有人需要「監護宣告」時，宜依法聲請；又民眾也可以針對自己未來萬一有「監護宣告」的必要，並希望能由「適任之人」擔任「受任的監護人」，可以超前部署，先作好有效成立的「意定監護宣告」。

---

1 金融剝削（Financial Exploitation）是指照護人、受託人或其他個人透過、詐欺、非法、未經授權或不當行為剝奪他人的利益、資源及財產，以獲取個人收益。高齡者成為金融剝削對象的風險較高。參見台灣金融研訓院編輯委員會，頁60，2020年10月出版，台灣金融研訓院發行。

2 《民法》第一一〇一第二項：監護人為下列行為，非經法院許可，不生效力。一、代理受監護人購置或處分不動產；二、代理受監護人，就供其居住之建築物或其基地出租、供他人使用或終止租賃。《民法》第一一〇一第三項：監護人不得以受監護人之財產為投資。但購買公債、國庫券、中央銀行儲蓄券、金融債券、可轉讓定期存單、金融機構承兌匯票或保證商業本票，不在此限。

14

難防不愛的法定繼承人覬覦特留分，那我稀釋遺產可以嗎？

有備無患第三步：善用保險，讓珍愛自己的人受益最多

保單指定受益人，金庫加裝安全鎖，
一生辛苦留給誰？唯有愛你才配得。

小黛和大呆把原生家庭的重要性放在自己的家庭之上，因為沒有子女，又還有一點寬裕，所以夫妻二人都認同一種「理所當然」，早早就把「未來分配」，逐年安置在甥姪輩可順利繼承的工具上，諸如購屋直接用晚輩名字，節慶

贈與蓄意豐厚。

受薪階級的小黛，總想著將來的錢財是留給家人，所以她不覺得需要特別學習理財，每當活儲或定存達到某一個水位，她就拿去買保險，保險單累積了她大部分的資產，受益人也都是她最愛的家人。

當他們和平轉移動產與不動產多年，且正在對自己有能力愛家人的安排沾沾自喜時，竟然出現一件又一件的意外，讓他們逐漸領悟到，原來父母去世後，有血緣的手足真的只剩親戚關係。

從壯年步入老年，很多人都陸續看懂，上一代和下一代直系血親才是被看重的家人結構，護短或傳承本能，很自然會把平輩手足的親情稀釋到貧血現象。

這樣的事件，這樣的發現，讓小黛和大呆在心灰意冷中有了危機意識，他們目前還健康、還不需要照顧、還常常慷慨餽贈，就已經遭遇手足及晚輩薄涼凌人，那有朝一日當真病老相求，別說不虐就算善類，單單是不理不聞，兩個老人也吃不消。

既然撒金撒銀都是自作多情、一廂情願，怎能放任自己因善而愚？太早撤除養老屏障，真的是自趨險境。

收拾起感性，小黛很務實的開始面對最後的規劃。

年事已高、沒有子女孝養、親人並不可靠、財產不想被迫遺留給傷害自己的家人……這樣相同背景的朋友很多。於是小黛把大家的功課一次做足，諮詢求教於理財、保險、信託、律法專業後，在知識汲取與實務摸索的經驗中得到結論，她和大呆決定繼續重磅運用的還是「保險」。

在所有「贈與」、「他益」具體物件裡，「給錯人」這件事，唯有保險是最容易採取變更以達補救的財務工具。

大呆小黛找到安身立命的固本方式，重新建立財務行為的方向。同時也大方分享他們繳了哪些「學費」、得到了哪些「學習」。

學費一：小黛早年買保險的所有動機都是著眼「受益」家人，所以她選配的是大量儲蓄保險、壽險跟少許投資型保單，獨缺對自己最重要的醫療保險。

保險知識的無知與對待家人的無私，讓她歪打正著囤積不少遺愛保單，至少，因為她還活得好好的，保費的錢仍留在她這個要保人名下。

結論是：錢置保險，絕對可以降低臨老風險。

學費二：家人無情，導致小黛盛怒中做了既正確又錯誤的保單處置。她認為金雞母還是該養在自家農地，不敢再放任金雞亂飛，於是她把保單全面解約，暫時把錢總匯到自己帳戶裡。

這些分別有十幾二十年甚至更久契約歷史的保單，任何時候想要更改受益人，都可以行使重新分配的權利。

暫時更改受益人，等同放寬冷靜後的處理機制，日後若回心轉意，既可重新改回舊有受益人示愛，又可零星提領保險金作為日常運用。

如今情急解約，低利率時代累積的儲存，現在突然溢兌現金，也讓不擅理財的小黛焦慮得不知如何是好。何況這些現金明目張膽出現在儲蓄簿裡，萬一突然去跟上帝喝咖啡，豈不是把本想掩蓋的特留分做出完整清單，幫助最不喜歡的對象不勞而獲？

結論是：多數情況下，更改受益人絕對比解約保單，更理想、更安全、更能預留變通彈性。

學費三：舊保單的「年份」具有高度社會信用價值，大呆小黛在高齡時刻解約，是嘔氣行為，其目的就是因為不再願意遺贈最初設定的受益人。

經過多家銀行保險理專反覆認知，他們終於明白，「保險受益人金額不納入遺產，是最有效的抗特留分工具。」這個專業見地，點醒了小黛。

小黛解約保單，就是為了消滅特留分，在心思縝密為家人設計百年大計之後，心碎滿地的她，再也不願意留任何身外之物給糟蹋她情感的家人，奈何，她卻報廢可以剪斷特留分的最有效工具。

結論是：要理性運用保單指定受益人，突圍不甘心給予的特留分對象。

學費四：時日久遠，小黛完全不記得買過哪些保險，拿著很多現成的契約書去解約之後，又在家裡翻箱倒櫃找出更多未到期保險契約。

銀行專員受託幫她填寫委託書，並協助她向中華民國人壽保險商業同業公會申請人身保險契約，一個星期之後，所有投保資料明細就以掛號信寄到她的戶籍兼居住地址。

解約保單萬勿衝動！即便尋求專業建議，也須謹慎判斷。因為每一張解約單都意味著可以立刻騰出一筆閒錢。以小人之心臆測，鼓勵解約的分析與服務，有可能暗藏玄機是為了推薦其他的金融商品，所以當六十五歲高齡人投保新產品時，銀行保險部門一定電話錄音存證，其中必有一題問答：「有專員誘導你解除舊約申購新約嗎？」

是以，任何解約，不是只問專業意見就萬無一失，萬一對方「見獵心喜」推銷不適合的商品怎麼辦？很多時候，從受害人的經驗值裡，更容易懂得轉機與危機的對照關係。

結論是：保險專員雖然可靠，受害人的經驗值也可列入重大參考。

學費五：減法過生活和斷捨離觀點，並不適用財務布局，這樣做很可能讓自己身陷危險；對你愛的人，把他放在保單受益人欄位就是最大的照顧、最安全的贈與，因為一旦錯愛，更改受益人是隨時可主動辦理的轉移，並不麻煩。

沒有子女的老年夫妻，如果擔心兄弟姊妹的應繼分會剝奪配偶的財產水位與生活安全，一定要預立遺囑，而即使預立遺囑，之後，還是會有特留分的被迫歸屬問題，所以要及早清算保單價值，並相互設定彼此為受益人。

結論是：斷捨離觀點不適用在財務布局上。

保單解約對保險單位是獲利了結，對保險人則是重大隱私，所以每一家保險公司都保持緘默服務，不作詢問，如果臨櫃解約時，有人稍作利弊分析，是否就會幫助小黛免於衝動？事情發生且已經成為不可改變的事實，這個沒有答案的問題，是很重要的借鏡。

李律師解析

談到財富傳承，常有人會想到「信託」、「遺囑信託」、「遺囑」、「閉鎖性公司」等，其實「保險」也是其中的工具之一。

在這個案例中的小黛、大呆沒有子女，父母也不在了，當自己往生後，兄弟姊妹將依法成為「第三順位」繼承人，即便他們生前運用「遺囑」規劃，其規劃也不得侵害「法定繼承人」的「特留分」。於是他們想到運用「保險」這項工具，這種情形之下，他們還是要注意下述要點。

由於一般國人常會運用「遺囑」，透過遺囑安排遺產的分配、分割或禁止分割、繼承人的份額比例、繼承權的剝奪等，但遺囑就是不能解決「特留分」的問題，因為《民法》限制立遺囑不得侵害「特留分」。

但如果透過「保險」的保單，便可以指定「受益人」，透過此種方式即可解決《民法》對於遺囑在「特留分」上的限制[1]。又因保單的受益人於指定後仍可變更，故有認為如被繼承人考慮到「孝順規劃」，可以運用保單，誰較孝順就寫孝順自己的人為「保單受益人」[2]。

依上述可知，「遺囑」固然可做一些財富傳承的安排，但其遺囑卻沒有辦法像「保險」可以利用指定「受益人」，而規避「特留分」的限制。

再者，如果運用「保險」進行財富傳承，切勿誤認所有保險都免稅，應該還要注意以下四點：

一、**分辨「人壽保險」與「投資保險」、「儲蓄保險」**。由於《遺產及贈與稅法》第十六條第九款規定：「約定於被繼承人死亡時，給付其所指定受益人之人壽保險……之保險金額」，不計入「遺產總額」，有些人卻誤以為所有的保險都免稅。依據前述規定是限於「**人壽保險，且須指定受益人**」，**才不計入遺產總額**。

如果是「投資型保單」，其可分「投資帳戶」及「保險帳戶」，財政部為避免「投資型保單」成為「避稅」的工具，乃依「實質課稅」精神，規定投資與保險必須切割清楚（財政部九十八年十一月十六日台財稅字第09800542850號函）[3]。

二、**購買保單盡可能不是在「重病」或「高齡」時！**如有前述情形，國稅局容易運用「實質課稅原則」，認為有規避遺產稅之嫌，而將保險給付金額併入遺產課稅。

三、如果被繼承人於民國九十五年一月以後購買人壽保險，而其「要保人」與「受益人」非屬同一人時，則受益人所受領的「保險給付」應計入其「基本所得」[4]。

如屬「死亡保險給付」，每一申報戶全年合計數在「新台幣三千萬元」以下，免計入受益人的基本所得（參見《所得基本稅額條例》第十二條第一項第二款）；前述的免稅額目前已調整為三千七百四十萬元（參見《所得基本稅額條例》第十二條第五項）。

四、要保人如**購買「未經」我國金管會核准的外國保險公司的「人壽保險」**，雖已指定「受益人」，但於要保人死亡時，**該保險金仍應計入「遺產總額」課徵遺產稅**。

由此可知想運用保險進行財富傳承，應儘早規劃、選擇適宜保險種類並投保，而投保應盡量避免會遭國稅局依「實質課稅原則」針對保險給付併入遺產總額課徵之情形，如「重病投保」、「躉繳投保」、「舉債投保」、「高齡投保」、「巨額投保」、「密集投保」、「短期投保」、「保險費高於或等於保險金」[5]就容易招來國稅局的關注，而造成困擾。

另外在此還要補充說明的是「保險金信託」，它不同於單純的「保險」。保險金信託是結合「保險」與「信託」的金融產品，將「保險金」做為「信託財產」，由「保險受益人」與「信託機構」簽訂「保險金信託契約」，當「被保險人」往生且「保險金」進入「信託」時，信託機構即依「信託契約」的約定，管理、運用，並依「信託契約」的約定，將信託利益分配給「受益人」；並於信託終止時，交付剩餘資產給受益人。

1 方燕玲會計師著：家族財富傳承，頁87~88，民國111年12月初版二刷，新陸書局公司出版。

2 林嘉焜著：高所得人士稅務規劃錦囊，頁268，2010年7月增修訂二版，財團法人金融研訓院發行。

3 陳信賢、楊華妃著：寫給金融業高資產客戶經理的第二本稅務書，頁175，2016年9月第1版第一刷，安侯企業管理股份有限公司出版。

4 「所得最低稅負制」是為了防止有人藉由「保險」名義，進行財產免稅移轉之實；所以最低稅負制把「受益人與要保人非屬同一人」當作課稅條件。參見林嘉焜著：前揭書，頁252。

5 黃振國著：財產移轉理財節稅規劃，頁203，民國112年2月22日，永然文化出版公司發行。

15

小孩手足不可靠，存了一輩子的老本，放哪才安全？

安養信託：讓養老金按部就班用在對的時間、對的人

抽刀斷水水更流，依傍近親親如仇，
最後尊重無繼人，寧願孤燈守孤魂。

「特留分」一直是遺產繼承中最受「被繼承人」不甘的痛點。
把遺產留給心愛的人，居然不是資產持有者的權利？
拒絕把遺產留給情傷自己的人，居然也不是資產持有者的權利？

律師一再提醒，不管怎麼分配遺產，都不可侵犯特留分。特留分官司通常始於有人主張「由不得你不給我遺產」。但，「自己的錢卻不能自己作主給誰」，是不是特留分讓被繼承人生前就忿忿不平的原因？以致於，繼承人透過打官司主張「我有繼承權」，到底是保障個人權利？還是搶錢有理？

總之，會主張特留分的人，一定是「法定繼承人」，卻未必是遺贈者的意中人。

把遺產留給並不愛護自己的手足，不僅有「難以瞑目」的不甘，也是讓「未亡人」備受委屈的所在。

幾個朋友在一起討論老後。因為背景條件相當，且都有類似生活遭遇，所以正在面臨共情焦慮，也希望彼此非知識性的設定機制，能及早得到與法律條例相關的專業指點。

他們各自提出以下諮商，究竟有無安全答案？

我，無父無母，無子無女，在某個層面上來看，除了對自己負責，我沒有額外的敬老扶老負擔，但是換個角度，我是不是比有家有眷的獨立個體更該周全計劃？如何選擇可靠對象，才能在暮年得到照顧？

我，在家庭倫理上，兄弟姊妹及晚輩可能是單身高齡唯一的照顧者，但是因為經歷手足之傷，已沉痛體會血親血緣關係早就破損不可依恃。在知情彼此的同理同溫中，朋友之間是不是可以互為監護人，並以對等財務條件，交叉建立契約關係？如果承諾相互保護，該採取哪些步驟？該注意哪些細節？

我，慷慨對待親人並轉移大量資產後，不幸在步入夕陽年歲，發現家人是有危險性的，現在開始變更手邊餘有的動產不動產。如何讓這筆預備金安全留倉，並於日後確實用在自己身上？有較低風險的管理方式嗎？

我的粗淺概念認為：有大錢財者，可用安養信託保障自己；但是中等經濟條件的，則該用不同性質的保單來保護自己。

信託與保險，該根據自己的財力條件做選擇？還是該根據未來最想保護的受益人是誰來決定？

我，家人已沒有家人的情分，讓我不得不接受自己孑然一身的宿命，也因此，我沒有遺產分配的問題，卻有不留任何財產給欠缺善意對待之法定繼承人的遺願。

如果立意把所有遺留捐贈給公益團體，該如何不讓自己困在兩難之中？

捐早了，遇到久病臥床，自己不夠用怎麼辦？

捐晚了，陌生血親又會受法律保障拿走遺產中的特留分。

我，嘗試提出瓦解對抗特留分的辦法。把自己的現金提撥一定水位，以合乎法律程序與法律保障的方式，借名登記分布給多個信任對象。

當醫療費用不足時，就拿回其中一個名額來使用。如果奔赴天堂的咖啡約會時間到了，來不及用到的所有錢，就合法歸屬已在其名下對象之所有。

這樣異想天開的作法風險有二，借名登記會遭受侵吞嗎？借名登記人突歿，這筆款項會由他家人繼承沒收？

我，關於六十五歲高齡者投保，多半被提醒需以六年時間分期繳交保險金，因為，躉繳，會造成國稅局對遺產稅的追認。

我們朋友之間老老相護，保險受益人由三個指定的朋友均分，要保人一旦重病需要照顧時，三個受益人有相互監督的道義，不致蓄意製造要保人惡性死亡的機率。

因受益人不是直系血親，承保單位基於法令與人身保護，擔心受益關係有「道德風險」，列為特殊案例，也要求我以書面說明原因，並呈列為保單上的附件。

我，不怕衰老，不怕猝逝，只怕老病拖。一生累積，所求，無非老病之時，能得到免痛免苦免哭免磨的照顧。

未來醫療運作，照護體系，將出現不可想像的昂貴，孤立長者需要認知：血緣不是家人關係的唯一註解，不管是鄰居、朋友，還是親戚、同事，只有出於實際善行照顧的照顧者，才配受饋，才可被列為親人，也才是生命過程關關相照的理當繼承人。

被迫選擇無血緣的家人做繼承人，其實是孤單者對自己生命的最後尊重。

嬰兒潮世代出生的人，如今都是社會高齡長者，社會高齡化的重大現象之一，是財產面臨重新分配，懂得周全布局者有之，畏於風聲鶴唳者有之。

遺囑、遺言、遺願，都百無禁忌的成為相互關心問安的話題。

人生路上，老中青三代的家人，不管直系旁系，不管願意與否，財產遺產都需要有規劃。

無論男女，沒有婚姻沒有子女獨身一人（包括男士）的結果，容易被家人有恃無恐的對待。

有時，切斷金援與情緣，不是為了報復懲罰，而是心驚後的心靜，要顧自己，要顧那個愛自己的人，不要依賴，也不要寄情法律指定的繼承人。

李律師解析

在台灣，女性不婚，或已婚女性未育子女，在先生離世後，難免會擔心「老之將至」的自己，如果有一天生病，該如何獲得妥善的照顧，身邊的金錢也不會遭到「金融剝削」？或終有一天往生時，遺產不會落入自己不喜歡之「法定繼承人」的名下。這樣的問題不僅女性擔心，普天之下男士也難以等閒視之。

目前年長者最大的擔心就是「失智」，這是需要提前面臨的自保知識，在意識清楚狀況下，完成「意定監護」。「意定監護契約」之訂立，選定日後願意受意的「監護人」及「開具財產清冊之人」，並由「公證人」公證，日後，果真失智而有進行「監護宣告」的必要時，即可直接以該「意定監護契約」為依據，向法院聲請，由法院家事法庭逕自裁定。

其次，養老時不得不考慮的醫療費用、照護開銷等支出，則可以考慮運用信託業[1]的「安養信託」。

所謂「安養信託」乃指委託人為保障本人未來生活、安養照護及醫療等目的，將信託財產交付「受託人」，由「受託人」依照該契約的約定，為委託人的利益，管理及運用信託財產，並辦理委託人安養專款給付及調整信託利益給付的金額或方式等事宜，而與信託業者所簽立的信託契約，稱之為「安養信託」[2]。

常見安養信託類型：

一、自益信託：以委託人自己為受益人。例如：高齡者安養信託。

二、他益信託：以委託人的子女或其他親人為受益人。例如：身心障礙者安養信託。

三、部分自益、部分他益的信託：同時以委託人自己及子女或其他親人為受益人。

安養信託契約訂立之後可以終止嗎？如果是「自益型」的安養信託，委託人或其繼承人得約定隨時終止信託；至於「他益型」的安養信託，則須符合下列條件之一，才可終止契約：即有「信託契約中所約定之終止條件的成就」，或「經受益人書面同意」，才可終止。

在安養信託契約中的角色，有「委託人」、「受託人」及「受益人」是必要的；如果有特殊需求，像是「安養信託」的受益人如為高齡者、身心障礙者或其他需受保護的受益人，可以考慮在信託契約中安排「信託監察人」，以協助受益人監督信託契約的執行[3]。

另外《民法》雖保障「遺囑自由」，卻有「不得侵害特留分」的限制，這讓父母仙逝，無子無女，但不甘把遺產留給兄弟手足的「高齡單身者」無一不焦急憤慨，在本篇文章案例中提出「現金提撥一定水位，以合乎法律程序與法律保障的方式，借名登記分布給多個對象」的想法，是否可行？

其實關於「遺囑」仍可運用，可以先限定法定繼承人的特留分，再將「比較差的遺產」分配給法定繼承人，俾符合特留分的規定。

至於要把「現金」借名在多個可信任的朋友，這是規避讓自己的遺產在「被繼承人的遺產清冊」中看不到，但仍須注意找可信任的朋友，還是要有妥善周延的「借名契約」，將來才不會衍生無謂的爭議。

又，運用人壽保險在保險中指定「受益人」，這些「保險金」將不納入遺產，而逕自歸屬受益人[4]，法定繼承人當然也無法繼承這些保險金。

1 「信託業」乃指依《信託法》經主管機關的許可，以經營為業的機構（《信託業法》第二條）。
2 參照：中華民國信託業商業同業公會，民國108年5月24日中託業字第1080000268號函。
3 參見吳任偉撰：「『安養信託』與『預收款信託』於長期照顧之運用」乙文，載「長照安養醫療法律手冊」頁38-40，民國111年5月，永然文化出版股份有限公司出版。
4 《保險法》第一一二條：保險金額約定於被保險人死亡時給付於其所指定之受益人者，其金額不得作為被保險人之遺產。《保險法》第一一三條：死亡保險契約未指定受益人者，其保險金額作為被保險人之遺產。

16

保險專員傳授：全民須知的保險財產規劃

財富傳承須注意：保險類別、投保年紀

留一筆錢不如留一張保單，讓我涉險的人有失益風險。

三十年前，買房置產無不一本萬利，現在買房艱困，取而代之的務實投資是「買保險」。

早年買任何保險，都要先做心理建設，告訴自己「助人為樂」，催眠自己「這是行善」，那時，多數人的多數保單都是「迫於人情」被動承購，現在，這些舊保單的優渥條件已不復見，極大的附加價值成了天增歲月人增財的鐵證，反倒是少了保險的職涯、生涯，隨著年齡節節攀升，高風險大災難驟增。

曾被視同招晦氣觸霉頭的「預立遺囑」和「預購保險」，如今卻是不能不懂的知識與不能不攀搭的趨勢。**遺囑和保險的搭配，已分別具備因應狀況，成為可調整風險的重大空間，對要保人、遺囑人，可產生絕對自主性與深層的保護功能。這兩項重大安排，不但要做，還要早做。**在智弱體衰前，不管錢多錢少，都該規劃妥善，把一生所獲，循序安排自我照護與分配給自己屬意遺贈的人。

在保險公司任職三十五年的專員金璜，在退休後公開秘笈：「任職時主力推薦銀行指定的金融保險商品，看起來是為達成業績目標，但在過程裡，我深知保險有越滾越扎實的功能，所以自己趁便買了很多有互補作用的保單，『月』『季』『年』紅利的加總，完全達到自創退休年金的標準，我加倍呼籲我的朋友正視保險理財。」除此之外，金璜也用自己深厚的功力，針對不同「年紀」與「族群」提出他的觀察與建議。但總歸一句話就是：不婚不生主義、沒有子女大齡配偶，這兩大族群，尤其要趁年輕時定錨保險。

第一類：投資報酬率高的年輕小夥伴

受惠健康條件，在保險投資上能享受許多優勢選擇，只要有閒錢就該逐年購買大小不拘的保額，大凡分期繳款的保單，十幾二十年後通常都有累積回饋或紅利的機制，在中年後的回報價值往往比國民年金更加充裕。

第二類：與無常賭一把的高齡銀髮族

如果早年忽略投保，高齡者想鎖住一些錢留給受益人，可採取特殊效能的「定期給付型終身壽險」。舉例，三十萬保額的保費雖分六次年繳，但是簽約日第一天才繳了六分之一保費，卻遇身故或完全失能，保險金依然會以最大倍數理賠全額保額。

如果在保費繳滿之後繼續康泰，那麼直到未來，這筆理賠金額都不會再長大也不會生紅利，而且身故前若想解約，還會造成保費大額折損，這種投保條件，是在賭無常的早來晚到，完全是「對賭」狀態，適合高齡卻也有高齡限制。

第三類：無子女的長情伴侶、一輩子的單身貴族

感情深厚的伴侶，如果沒有子嗣，即便有實質婚姻關係，配偶都不能獨得遺產，即使有預立遺囑，也只是降低特留分比例，並不能侵犯特留分權利。

家事法庭有很多的興訟，是兄弟姊妹依法要求取得亡故手足遺產的「特留分」，但是相對的爭議是亡故家屬或伴侶哀鳴：「我們，自己獨立照顧配偶、自己全責簽名文件、自己承擔醫療費用，為什麼因為沒有子女，就要被強迫分產給對我們財富、責任並沒有貢獻的其他人？」

沒有子女的老者，如果不想把遺產被迫分給不願意給的人，用「保險」來搭配遺囑，可能是防堵特留分強制分產的重要方法之一。原因如下：

一、保險可以指定受益人，受益金額不計入遺產總值。讓受益人至少有一部分繼承是不被干擾的。

二、相愛的人該互為受益人，致力減免他人之分割剝奪。

三、血親之外的受益人，投保時需要書面聲明理由，這是要求要保人親自為道德

風險背書，銀行保險查無異樣，通常都會同意核保。

四、信託，是保險工具之一，大可用以避稅、管理財務結構、階段性發放遺產；小可協助有積蓄的中老年人規律生活開銷。信託契約的錢財進出制式化，具備防詐防騙的安全功能。但，財產信託不具「對抗特留分功能」。

五、委任意定監護人，允其在自己「失智失能後」全權照應健康、生活，以及死亡前的所有資產處置。

六、自書遺囑在不違背特留分比例情況下，幾乎可以完全做到動產不動產的指定分配，但是要注意存放安全，避免知其內容者蓄意湮滅這份有效文件。

七、如果財務複雜，財產龐大，仍建議尋求法律公證人簽屬遺囑完整文書備查。

遺囑執行人、保險受益人、意定監護人，都需有高度信任的基礎，按理，家人是必然人選。但是，世事有意外，如果發生委託「外人」情事，很可能就是為了迴避危險的家人。

法律嚴謹，掐指神算，都不如「善良」可靠；但是，沒有儀器可以預測善良會不會變質，於是，為了讓自己財務安全又能保障身邊所愛，不得不杞人憂天的運用多軌規劃。

因為工作往來之故，聽過各類真實上演的「人間八點檔」，金璜也總結出一個超高齡社會的現況：長壽與長照，都是一筆驚人負擔！在倫理之中，每一個親人其實都要有「考績」，隨時觀察感受認知。父母對子女，不必一視同仁，反倒應該偏愛有理，遺產不是給你最愛的孩子，而是給照顧你品質最好的人。

西方人回答子女：「我很有錢，那是我的錢。」

東方人回答子女：「我們家很有錢，而且這些錢將來都是你的。」

不同的教育思維，讓東方孩子肯定認定父母的所有就是自己的。

如果孩子無良，父母手上最有效的一張王牌密令就是更改保險受益人，而且受益人不受任何親等特留分侵犯。

被繼承人可以利用指名受益，保護或答謝照顧自己到最後的對象，這，才是公平對待。

高齡者以保險鎖定財產，需要注意先安頓好生活費用，避免日後保險借貸或解約，可能影響諸多利益。

李律師解析

以前的社會家族關係較為和諧，關於財產傳承的規劃也較為單純，但隨著台灣社會功利主義盛行，致人情淡薄，重利忘義之事頻傳，而被繼承人於往生後，其繼承人之間或受遺贈人為了爭產，爭議事件，也屢見不鮮。

又因為少子化、單身族日益增多，實務上因無配偶、直系血親卑親屬及父母，而由「第三順位：兄弟姊妹」成為法定繼承人的案例也隨之增加。這些「手足」尚且無法做到「兄友弟恭」，甚至有的彼此還有「恩怨」，卻又因為被繼承人無配偶、子女、父母，而僥倖能以「兄弟姊妹」身分得到《民法》繼承篇「特留分」的保障。

隨著社會觀念轉變，越來越多人「敢」提早正視並進行財產的規劃，然而，國人雖可透過「遺囑」安排遺產的分配、分割或禁止分割、繼承人的份額比例、繼承權的剝奪（《民法》第一一四五條）[1]等；但遺囑就是不能解決「特留分」的問題，因為《民法》限制立遺囑人雖享有「遺囑自由」，但仍限制不得侵害「特留分」；如有侵害時，則法定繼承人可以依法救濟。此時「保險」就成為在「遺囑」、「遺囑信託」、「贈與」……等規劃工具外的另一種選擇。

如果透過「保險」的保單，則可以指定「受益人」，透過此種方式即可解決《民法》對於遺囑在「特留分」上的限制[2]。又因保單的受益人於指定後仍可變更，故有認為如被繼承人考慮到「孝順規劃」，可以運用保單的特性，看誰較孝順就寫孝順自己的人為「保單受益人」[3]。

依上述可知「遺囑」固然可做一些財富傳承的安排，但其遺囑卻沒有辦法像「保險」可以利用指定「受益人」，而規避「特留分」的限制。

但如果有需要運用「保險」進行財富傳承時，切勿誤認所有保險都能在遺產稅方面獲得免稅，故建議至少應注意以下四點，並將注意重點詳述於第 184 至 185 頁。

一、「人壽保險」與「投資保險」、「儲蓄保險」的區別。
二、避免拖到「重病」或「高齡」才投保。
三、保險給付計入「基本所得」。
四、購買未經金管會核准的外國人壽保險，即便有指定受益人，保險金仍需計入遺產總額課稅。

由以上說明，可知「人壽保險」固然可以達到節省遺產稅，且可以透過指定「受益人」方式，規避法定繼承人之「特留分」的保障，但進行規劃時，務必仔細分辨「人壽保險」不同於「投資型保障」，也不同於「儲蓄型保險」。

1 《民法》第一一四五條第一項第五款規定：法定繼承人如對於「被繼承人」有重大的虐待或侮辱情事，經被繼承人表示其不得繼承者，該「法定繼承人」喪失繼承人。故立遺囑人如其法定繼承人中有上述情事，即可於「遺囑」中剝奪該法定繼承人的繼承權。

2 方燕玲會計師著：家族財富傳承，頁87-88，民國111年12月初版二刷，新陸書局公司出版。

3 林嘉焜著：高所得人士稅務規劃錦囊，頁268，2010年7月增修訂二版，財團法人金融研訓院發行。

法律應用問與答

——預立醫療決定、意定監護篇

Q：什麼是「預立醫療決定」？

A：具有完全行為能力的人，即可進行預立醫療決定，指明處於特定臨床條件時，希望「接受或拒絕」維持生命治療、人工營養及流體餵養或其他與醫療照護、善終等相關意願之決定，並可隨時以書面撤回或變更。（詳見《病人自主權利法》第三條第三款、第八條、第九條）

Q：什麼是「監護宣告」？

A：因為精神障礙、智能障礙或其他心智缺陷，致不能為意思表示或受意思表示，或不能辨識其意思表示者，法院可以因相關法定親屬的聲請，為「監護宣告」。經法院審理宣告後，當事人即為「受監護人」，並由法院指定的「監護人」負責協助或代理其法律行為，以防止受監護人遭受詐騙或不當影響。

Q：什麼是「意定監護」？

A：指本人與受任人約定，於本人受「監護宣告」時，受任人允為擔任「監護人」的契約（《民法》第一一一三條之二第一項）。其受任人可以「一人」或「數人」；如果受任人有數人時，除約定為分別執行職務外，應共同執行職務。

Q：誰是「開具財產清冊之人」？

A：為確保某人的財產管理透明、防止財產被濫用或侵占，依法負責列舉、記錄某人財產，並提供給法院或相關機關審查的人。

Q：什麼是「意思表示」？

A：「權利」的變動是以法律行為為中心，而法律行為的核心就是「意思表示」，即當事人把內心想法發生一定法律效果的意思，表示於外部的行為。

Q：什麼時候需要聲請監護宣告，要準備哪些文件？

A：如果自己的父親、母親或其他親人已罹有失智症，且程度嚴重，可以向法院聲請監護宣告，聲請時應提請「聲請狀」並檢附相關文件，包括：

(1)應受監護宣告之人、聲請人、擬擔任「監護人」及會同「開具財產清冊人」的戶籍謄本；

(2)應受監護宣告的「醫師診斷證明」；

(3)同意擔任「監護人」及會同「開具財產清冊之人」所出具的同意書；

(4)其他法院要求聲請人提出的文件。

Q：誰可以擔任意定監護契約的「公證人」？

A：公證人有「法院公證人」與「民間公證人」之分，為辦理「意定監護契約」的公證，前述任一公證人均可辦理，且具有同等法律效力。

Q：監護人會有酬勞嗎？

A：監護人的主要責任是保護受監護人，其所付出的勞力，不應以「獲利多寡」來衡量，但考慮到其所付出的心力、時間，仍可向受監護人或法院爭取應得的報酬。根據《民法》第一一一三條之七，意定監護契約已約定報酬或約定不給付報酬者，從其約定；未約定者，監護人得請求法院按其勞力及受監護人之資力酌定之。

Part

3

情斷難離篇

——關於離婚協議、配偶剩餘財產差額分配請求的願與怨

結婚前、婚姻中、離婚後，
當愛裡摻雜謊言、暴力、第三者，
那些看似日常的財務分配，是計算，還是算計？
當那張「我願意」的結婚證書，變成「我怨你」的離婚協議，
這段情，還有機會好聚好散？

17

給車給房只求離婚，突然翻臉的枕邊人，還能信嗎？

用懲罰條款保障履行條件，避免人財兩失

不要守著對方的諾言過日子，
必須頂著自己的勇氣討生活。

小安即將失婚的前傳自白：

「我二十六歲認識我的先生小萬，二十八歲結婚，生活一直幸福美滿，先生對我非常好，唯一美中不足的是他運氣不好，好多次創業都不順利。我從未抱

怨過，如果有任何機會或人脈可藉，我都會努力幫他製造機會。

對所有親朋好友，我都表明我很幸福，因為我確實有一個愛我又對我好的先生（這是肺腑之言），我常說如果哪一天我先生不要我了，我這輩子是不可能再對誰動心的。

去年十二月深夜，女兒走進書房看到爸爸在打瞌睡，她準備叫醒爸爸的同時，卻瞥見爸爸的手機裡跳出女人打情罵俏的輕佻畫面，女兒極為驚嚇……。

她悄悄回到房間躲在被窩裡哭了整晚，到第二天爸爸去上班後，她才下樓告訴我昨晚看到的事。她結論：一個如此愛家愛媽媽的爸爸，怎麼會背叛我們？

於是，我立刻跑到自家經營的餐廳去找先生，經過反反覆覆的追問，他從一開始的徹底否認，到改口新的說法。

他告訴我，他只是覺得生活太無聊，所以選擇上網和這些人胡說八道。至於在網路上的對象，究竟真實長相如何？甚至到底是不是女性？他根本不確定，純粹打發時間而已。」

這一個插曲，讓愛夫至極的小安，天天大幅度心情起伏。但小萬一再向她保證：不會再上網聊天，也會用未來每一天證明他愛家愛妻的心未變。

二〇二四年一月一日，小安牽著小萬的手說：新的一年，我們把所有的不愉快全部忘掉，從今天開始重回以前的快樂生活，小萬當然也開心答應。

當天晚上十點，小萬沒接電話也沒回簡訊，面對異常，小安不斷連環 Call，小萬終於接了電話，簡潔回答：「我在店裡清潔打蟲，沒聽到電話。」

女人直覺作祟，小安立刻開車去餐廳，確如小萬所說，他真的是一個人在餐廳打蟲，但是當下臉色不悅：「妳來是要抓什麼嗎？一定要如此不信任嗎？」

幾天後，小萬開口：「我們離婚吧！」

突如其來的晴天霹靂，小安被炸得天崩地裂，怎麼可能發生這種事？

「我想自由」、「我想過一個人的生活」、「我想從此無拘無束」，小萬的三想宣言，是最文明的離婚致詞，溫和中沒有溫度，也沒有火氣，只是小安卻從那一天就跌入憂鬱深谷，不能吃不能睡，她跟女兒說：「如果我可以睡著，不要叫醒我，就這麼走了也很好。」

小安有潔癖，很會理家，但是她沒有理財觀念，除了會刷卡，其他跟錢有關的進出，都是小萬當家。習慣三十年的婚姻，五十八歲的小安把自己列入「我是將步入老年的孤單女人」，她擴大恐懼和慌張，軟弱無力的貶抑自己是「被老公寵到如今無法自立的生活白痴」。

到了二月，小萬執意要小安回娘家三個月，希望彼此先不要聯繫，小安心想大家冷靜一下或許可以有轉機，於是她同意無目的出國旅行；但是沒想到三個月後再回家，小萬已經搬遷在外租了房子，而且唯一的話題依然是：「什麼時候可以簽字離婚？」催逼緊迫。

分居，其實只是一個手段，小萬盤算著只要提出分居證明，就可以申請離婚；與此同時，小安也接到律師信，離家多時的小萬更是主動現身談判，車子可以給小安，房子可以給小安，也願意每個月分享餐廳盈利的固定百分比給小安當生活費。但是要求：小安從此不可以踏進共同經營的餐廳。

總之，離婚條件可以再談，但是不能拒絕離婚，因為堅持離婚方可以透過興訟達到目的。

「放手，由他去。」當初把餐廳賣給他們的朋友分析餐廳的正常利潤：「也許是我們的錯，把餐廳賣給你們，讓他嚐到賺錢滋味。」

小安抱著希望，認為小萬處於中年危機茫然期，她只要耐心等候，就能等到心回意轉、等到峰迴路轉。

需要人間清醒呀！在小安哼唱婚姻幸福的旋律中，朋友卻看到：「妳凡事順從，太過卑微。」

半年分居狀況下，母女二人「覺得」小萬沒有外遇對象，而且他看起來也不快樂，他的不快樂甚至演變成他對女兒的怨懟：「如果不是妳去說什麼，我們一家人不會這樣。」

父親的指責帶給女兒嚴重自責，她的新陳代謝和免疫系統指數全都飆升混亂，體重暴漲，成年女孩也在為父母的婚姻付出代價。

每一對夫妻走到離婚，都是從一開始的爭吵，到最後變冷漠與完全不對話的沉默，他們卻沒有任何的過程，連小萬的家人也想不透他為什麼會這樣決定。

除非死亡，否則沒有幸福關係是會突然解體的，小安認為一百分的美滿婚姻，「結束」竟會是對方毫無猶豫的首選？找不到理由的斷崖式直降冰點，對「被分手」的人而言，完全沒有能力分析自己遭遇的問題是什麼。

智慧的友人相勸小安，同意離婚，可以趁機贖回放任出去的各種權利，先把自己該要有的車子、房子、金子都安頓好，才不會進退失據。心不在了，退而求其次要人，人要走了，就需步步為營取財；經濟獨立且養老無虞，是活下去的基本條件。

李律師解析

在這案例中的小安善於「理家」，對「理財」則毫無興趣，直到面對丈夫小萬提出離婚，才突然醒過來，發現不論車子、房子、餐廳經營權……等各項「財產」都在丈夫小萬的名下，一旦離婚，她將淪為「一無所有」困境。然而，她是否要為了避免「一無所有」，而答應丈夫片面提出的「離婚要求」及「離婚條件」？

就這案例，我須先說明我常強調的觀念，即「法律是保障知道法律的人」。相戀之人論及婚嫁，前提固然是二人間有「真愛情」，但除此之外，也要考慮「財產」的現實經濟問題，所以不論男女，結婚前一定要先認識「夫妻財產制」，並且應視雙方各自的情形，而選擇有保障的夫妻財產制。

我國《民法》所規定的夫妻財產制有「法定財產制」及「約定財產制」之分；如果**夫妻結婚而未約定適用「共同財產制」或「分別財產制」，就要適用「法定財產制」**。

台灣人結婚時，大多數沒有約定財產制，就以多數國人都適用「法定財產制」。**在適用法定財產制時，將夫、妻財產分為「婚前財產」與「婚後財產」**。**對於婚後財產登記於夫或妻名下的財產就歸夫、妻各自所有；不過夫妻遇到有一方「死亡」或雙方離婚時，則會發生「配偶剩餘財產差額分配請求權」**，即於「法定財產制」關係消滅（如：夫妻一方死亡或雙方離婚……）時，夫或妻現存的「婚後財產」，扣除婚姻關係存續所負債務後，原則上如有剩餘，其雙方剩餘財產的差額，應平均平配；但「繼承、無償取得的財產及慰撫金」除外。

在本案中，假如小安與小萬結婚時，雙方沒有約定「夫妻財產制」，則須適用「法定財產制」，而小安的「婚後財產」又主要都在丈夫小萬的名下，面對此種情勢，無怪乎小安會感到惶恐。

此時，小安如果能夠利用「離婚協議」，從已經對夫妻「愛情」無心的丈夫身上要些錢財，至少還能保障自己在面對「高齡被離婚」的逆境中能夠有些「養老本」。

在此需要留意，**一旦簽了「離婚協議」，並去戶政事務所辦妥「離婚登**

記[1]」，**離婚即發生效力**。若是小萬一心只是想要離婚，嗣後不履行離婚協議的條件，則小安又要再去打官司，既花錢、浪費時間，還「燒腦」！因此，注意離婚協議條件的履行就非常重要。

以此案例來說，由於小萬提出了「離婚條件」，主要有三，即：房子給妻子小安；車子給妻子小安；分享餐廳盈利固定的百分比給妻子小安。除了現金補償，以「不動產、動產、盈利分配」做為離婚條件，在實務上也很常見。藉此案例說明，妻子小安在進行離婚時，應如何注意保障？謹分述如下：

一、不動產——房子：應先瞭解「房子」有無「抵押貸款」，如果有，應要求小萬是否負責付貸款利息及本金，清償完畢後塗銷登記。另外，房屋所有權也應辦理「所有權移轉登記」，因我國是採取「不動產物權登記生效主義」（《民法》第七五八條）。

二、動產——汽車：「汽車」雖然是「動產」，但也有監理單位的「登記」，所以也需辦理移轉過戶「登記」。

三、經營盈利的分配：需瞭解餐廳是登記為「公司」或「行號」。如果是有限公司，小安應約定取得「股權」；如果是「股份有限公司」，就應約定小萬移轉股份讓小安取得一定比例的股份。

四、小安為防止小萬食言而肥，不履行離婚協議，可以約定「懲罰性違約金」，俾確保小萬不敢違約。

五、小安還可以要求小萬開出適當面額的「商業本票」，做為擔保的手段。

由上面的說明可知，面對離婚協議時，方方面面皆需謹慎考量，建議還是要請專業負責認真的律師協助，才不會被已經無心再愛的「枕邊人」唬弄！

1 夫妻兩願離婚時，可以自行離婚（《民法》第一〇四九條）；又「兩願離婚」應以「書面」為之，有二人以上證人的簽名，並應向「戶政機關」為離婚登記（《民法》第一〇五〇條）。

18

前夫戀愛後，卻砍半女兒生活費，合理嗎？
顧全子女的身心發展，離婚協議也需量身打造

愛情面前，親情也得低頭；幻想猜想，最美就是胡謅。任何愛戀都有不堪一面，重新洗牌如何保護女兒。

她提了幾次，表示沒辦法再將就這個沒有溫度的婚姻。

這一次，他同意了。

黃菊找住家就近的律師事務所，要了一份協議書範本回家參考，她看了看

制式內容，覺得實在很簡單，就直接加註每則條款的關係人，書寫好之後，她印出一式二份，確認這個新版本就是自己覺得重要的條件，既不和家人商量，也沒再回頭找律師，就決定了所有內容重點：

一、因為雙方無法共同生活，同意結束婚姻關係。

二、自簽署日即離婚生效，從此男婚女嫁互不干涉。

三、雙方同意各自名下財產歸名義人所有，日後不得再提出夫妻共同財產分配請求權。

四、甲（大俊）乙（黃菊）雙方同意養育女兒（小曉）共同權利義務，由乙方為女兒主要照顧者，除緊急重大事件共同決定外，乙方可全權做主所有教養事務。甲方負責女兒二十五歲之前所有生活教育費用，並於每月一號主動匯入指定帳戶。

五、甲方名下房產以小曉為唯一繼承人，不得轉讓任何第三者，如果需要變賣，須經甲乙與繼承人三方同意，售後金額於繳交相關稅金與一切發生之費用後，由三方平均分配。

大俊看了協議書，整個神情，看不出是捨不得？還是陷入思考？總之，他安靜了好一會兒，然後，完全沒有異議，二話不說的就簽字了。

大俊和黃菊辦了離婚，到戶政事務所註銷婚姻後，兩人還是繼續住在一起，他們協議：等女兒考上大學住校之後，再正式進入自立門戶自設戶籍的獨立關係。

他們各住各的房，各吃各的飯，同屋而居，分室生活。小曉當然知道這是怎麼回事，但這孩子本來就安靜，加上爸媽之間的冷漠她早已習慣，現在，只不過多了一層別在客廳相遇的蓄意迴避，也沒什麼過不去。

緣未斷，情未絕，一家三口就這樣相安無事的過了一年。

大俊給的生活費確實準時入帳，至於生活費的標準從何而來？沒討論過，反正每個月兩萬五千元到帳，黃菊支配的很夠用，沒啥期待，沒啥怨言。

下班後，外食完畢再回家的大俊，沒有社交生活，沒有娛樂生活，他最大的癖好，就是在交友網站尋覓紅粉知己，如果說他著迷曖昧關係，不如說他是在婚內失戀太久，一直覺得自己的浪漫情懷沒有得到被理解的對待，他不知道黃菊到底在嫌他什麼？

二〇二四的夏天，連續颱風，連續假日，大俊很多時間在網上尋找談心知己，聊著聊著，大俊的職業、公司地址，甚至是本人的相片，全部據實呈上說給某一個人聽。

就在颱風假第二天，台北街景滿目瘡痍、風雨肆虐依然時，這個住在遠方的網路知己，直接坐了高鐵，無預警的到了大俊公司。

「太想你，我來了，就在你公司樓下。」坐高鐵耶，在風雨中耶，女方這樣的開場白寫在就要第一次面對面的前幾分鐘，大俊霎時暈船。

她從左營來看他，他從台北送她回，這一趟溫馨接送情比颱風還要強，四十八小時的天雷地火撞擊，彌補了大俊在婚姻裡的不滿足。大俊忍不住告訴小曉的奶奶：「媽，我真的談戀愛了。」

他運用「被感動」兩個字高達一百次，家人都擔心他莫非遇上交友詐騙！

前夫談戀愛了。

爸爸談戀愛了。

黃菊和小曉知道這件事之後，既無權干涉，也無權阻止，可是母女二人還是情何以堪的抱頭痛哭。

愛情的美好，讓大俊覺得自己的人生瞬間蹦上高峰，同時，他也要重新合計自己的未來。

這天，他跟黃菊說：「把我的存摺還給我。」

沒錯，他們離婚一年多，住在一起不說，連大俊的存摺都還在黃菊手裡。但除了每月自動轉帳生活費，黃菊倒也老老實實沒挪動過大俊的個人存款。

婚，是她要離的，條件是她自己擬的，住在一起也是她不排斥的，但是交出存摺，她覺得事情就太大條了。

現在要交還存摺？黃菊打死不肯。這，讓他們點燃「婚姻關係」裡史無前例的烽火硝煙。

當黃菊看到大俊眼神裡的殺氣時，突然感到害怕，她不要這個婚姻，就是因為他從來都沒有溫度，但現在，他是為誰如此滾燙？

更可怕的是下一招，大俊說：「下個月開始，生活費改一萬六千元，這是給小曉的。妳？不在我的責任範圍內，過去一年我白養妳也已經仁至義盡了。」

一直沒讓家裡知道自己簽字離婚的黃菊，這時帶著離婚協議書回娘家求援，爸爸看了內容，咬牙切齒的說：「妳能簽這樣的離婚條件，是吃了迷幻藥？還是犯了不守婦道哪一條？能割地賠款到這種程度？」

黃菊到底是在乎前夫有了新人？還是手上完全沒有存款更讓自己害怕？

不動產，沒她的份。

生活費，沒有具體數字。

更要命的是協議書裡還有重鎚條款「不得提出夫妻財產分配請求權」。

不做夫妻可做家人，是過去一年的狀態，新女友出現十天，所有關係都重新洗牌。

新阿姨的出場方式很浪漫，浪漫到黃菊擔心大俊碰到詐騙集團，如果大俊名下的房子被新阿姨訛走，女兒小曉就會是間接受害人，她能怎樣保護女兒避免失去繼承房子的風險？

李律師解析

婚姻生變的原因不一而足，但其中又以出現「第三者」的介入居多，尤其在網路時代，社群媒體多、誘因也多，或許都是間接造成婚姻出軌的原因。

在婚姻破裂之後，有些夫妻各奔東西，形同陌路；有些有「夫妻之名，卻無夫妻之實」；有些則希望離婚從速。尤其在有「第三者」介入時，小三小王甚至還扮演施壓的角色，希望早點離婚、俾便接手，而取得合法身分地位。

按我國《民法》，關於離婚依其方式的不同可分為「兩願離婚」與「法院裁判離婚」；**如果循兩願離婚，則只要有「離婚協議書」，其上有「二人以上證人的簽名」，並向「戶政機關」辦理「離婚登記」，即可發生離婚效力。**

倘若雙方無法協商一致而成立「協議離婚」，若有一方仍執意離婚，勢必就要向管轄法院家事法庭訴請「裁判離婚」。

不管是來律所諮詢和平離婚的達官顯貴，或公開演講中求助離異分產的一般民眾，我多會勸諭，一旦結婚，就不要輕言離婚，宜先行「溝通」；如因錯愛或溝通無效而必須離婚，也以「協議」為宜，即最好能夠透過協議而達成「良性離婚」（The Good Divorce），離婚夫妻能達到「良性離婚」，必須是屬於夫妻「好聚好散」，雙方沒有毀掉他們所愛之人的生活，他們的子女仍然擁有「雙親」，離婚的雙方仍然跟他們所生育的子女保持著良好的關係[1]，這也是我常呼籲的：「切勿動輒打『離婚官司』」。因為為了離婚而上法院時，雙方就容易互相言語攻訐、怒目相視；如育有子女時，對於子女的成長往往也會有影響，而在心理上留下陰影！

至於裁判離婚，在我國《民法》第一〇五二條第一項規定訴請「裁判離婚」原則上須具備法定事由，即夫妻之一方，有下列情形之一者，他方得向法院請求離婚。例如：重婚、與配偶以外之人合意性交、夫妻之一方對他方為不堪同居之虐待、夫妻之一方意圖殺害他方、生死不明已逾三年等。

倘若無上開事由，而如有其他的「重大事由」，導致難以維持婚姻關係也可以請求離婚。

基於法院裁判離婚須有上述法定事由，所以一旦打離婚官司的原告無不想方設法，提出各種「證據」，甚至搬出「證人」上法庭，訴訟進行的結果，你來我往，讓彼此間的關係更惡化，或許最後能獲得准許離婚的勝訴判決，往往也弄得遍體鱗傷。

回過來談本案例的黃菊，她自己隨意取得一份制式「離婚協議書」，自己擬定條件，自己會同大俊在立書人欄位簽字，並找到兩位見證人簽名，再攜至「戶政事務所」辦理「離婚登記」，看似自助又便捷，卻不夠謹慎周延。當婚姻關係走到離婚這一步，在簽訂離婚協議書時，應考量下列問題：

一、對於子女的監護人歸屬；

二、與子女同住或探視的權利；

三、子女的教育問題；

四、有無損害賠償或扶養費；
五、如果採用「法定財產制」時，處理配偶之剩餘財產差額分配請求權；
六、夫妻有投保「人壽保險」時，關於「保險受益人」的變更；
七、如果未依「離婚協議書」給付扶養費用時，約定「違約金」[2]；
八、其他事項，只要不違反法律的施行規定或公共秩序，善良風俗即可發生法律效力[3]。

如果雙方於離婚協議書有約定對於未成年子女的扶養，而他方竟拒不履行，在此建議可按下列步驟進行處理：

一、先撰寫郵局「存證信函」或請公證人寄出「認證函」；
二、委託律師撰寫「律師函」，催告履行並定期協調；
三、透過《家事事件法》對離婚配偶向法院提出請求。

如果不得已需對離婚配偶提出給付扶養的請求，此種狀況究竟屬於那一類事件？依台灣高等法院暨所屬法院一〇一年法律座談會民事類提案第二十四號問題（二）：「夫或妻之一方，以他方未依兩造協議書之約定，給付未成年子女之扶養費，而依該協議書之約定請求給付扶養費，應屬家事訴訟事件或家事非訟事件？」，研討結果：以「乙說」為多數說，即認為應屬「非訟事件」，所以法院於審理該事件時也有「裁量權」，得不受當事人聲明的拘束。也就是說，法院審理時，不一定會完全按照當事人提出的請求（例如，每月應付多少扶養費），而是會依照實際狀況做出適當的裁量。

1 康斯坦絲。阿榮斯著，陳星等者：良性離婚，頁11，西元1999年1月初版，天衛文化圖書有限公司。

2 《民法》第二五〇條：一、當事人得約定債務人於債務不履行時，應支付違約金；二、違約金，除當事人另有訂定外，視為因不履行而生損害之賠償總額。其約定如債務人不於適當時期或不依適當方法履行債務時，即須支付違約金者，債權人除得請求履行債務外，違約金視為因不於適當時期或不依適當方法履行債務所生損害之賠償總額。

3 《民法》第七一條：法律行為，違反強制或禁止之規定者，無效。但其規定並不以之為無效者，不在此限。《民法》第七二條：法律行為，有背於公共秩序或善良風俗者，無效。

19

丈夫出軌、兒子背叛，沒本錢的我怎麼打官司？

善用配偶剩餘財產差額分配請求權，理直氣壯拿回應得

日有晝夜，世有陰陽；人有正邪，事有勝敗。
所有蛛絲馬跡，未必都是疑神疑鬼。
任何光怪陸離，預兆警告明察秋毫。

他們是高中班對。婚後，她把自己家族背景用到淋漓盡致，只為讓良人事業登峰造極。

一切如意，她在台北有處理不完的訂單，他在台中有應接不暇的醫美客

戶，一星期見面兩次，他總是柔情似水說：「我好想妳。妳每星期應該多下來幾次。」

小蕊的生意突然遭遇倒帳，因為金額太大，她緊急應變做了資金隱藏，把自己的錢巧妙的轉入先生帳戶。與此同時，她也決定整頓台北的事業回到台中，結束「遠距夫妻」的生活。原以為是幸福下半場的序章，沒想到卻是一篇篇鬼故事的開場。

一場壞品質的婚姻，很像一套經典的聊齋故事，所有的鬼話連篇，都是邏輯套路。從燈火輝煌到鬼影幢幢、詭譎驚人到荒唐失真，事事難以置信。

聊齋情節之一：事業遇挫後，她住回台中的家，造成親密愛人社交活動中的各種不便。

她在台中街道上，兩次驚閃身後突然的緊急煞車，辨認出是同一輛寶藍色房車。回家跟先生提起疑慮：「我覺得有人跟蹤我，而且蓄意要驚嚇我。」他說：「不要疑神疑鬼。」

「壞人，你怎麼一點都不關心我？」

以前稱呼他壞人，是一種撒嬌，現在叫他壞人，是心裡真的有點毛毛不踏實了。

聊齋情節之二：與她熟識的在地大姐告訴她，男人盯不住，就需要跟蹤了。於是小蕊的智商，出現在抓鬼行動上。

終於看到壞人和女人出雙入對，終於看到他們牽手從飯店走出來，她忍不住當下撥了電話：「在上班時間不要亂跑喔！到處都有神明的眼睛。」壞人四下張望，敏感警覺的放開女伴的手。

這日，小蕊遇到女子落單，趨上前去：「我可以跟妳談談嗎？」女子顯然知道小蕊是誰，當即破口大罵，罵得很不文雅，罵得路人駐足，聽起來小蕊反而像是被抓包的小三，嚇得躲到大馬路變電箱後面，直到人群散後，才狼狽回家。

從住到台中以來，小蕊就焦慮，看了醫生吃了藥，效果並不穩定，壞人說那些藥丸只是安慰劑，特別帶回一包藥讓她「備用」；被罵的羞辱在腦海中反覆重播，她無意識的吞了所有的藥。

在地大姐把她送到醫院洗腸，醒來，卻看到壞人哭的肝腸寸斷：「我的底線就是我的家庭，誰都不能傷害我的家人。」他道歉，他說愛，小蕊也跟著入戲，覺得被十指緊扣的自己，是唯一正宮，唯一最愛，自責怎能把良人當壞人？

聊齋情節之三：一碟一碟小菜之後，終於等到大菜上檯。

小蕊整理衣櫥時，發現縫隙裡有個閃光，撥開來看到一個小晶體，她去找親戚晚輩解讀，針孔錄像內容是背叛婚姻的鐵證，要命啊！人都帶到家裡來了。錄像帶的發現，激怒了壞人，他要脅小蕊拿出錄像帶不成，動手施暴，沒想到證上加證，因為小蕊的手機已被晚輩做了安全設定，所有過程的語音都直接傳進手機裡。

小蕊到醫院驗傷，因為傷勢嚴重明確，醫院直接通報主管機關。

聊齋情節之四：老子闖禍，兒子上陣。

十七歲的兒子在親情戰爭中，要求媽媽撤告，不要留下前科影響他和爸爸的移民簽證，媽媽解釋她沒有提告，是醫院主動採取的行動。

「如果妳不全力制止這件事」，兒子說：「我這一輩子都不會見妳。」

開庭時，壞人庭上哭訴：「是她自己製造的毆傷。」

當兒子也同一口徑支持父親的證詞時，小蕊心都碎了。

但是審判長建議壞人和解，暗示：錄像帶和家暴傷，對他注定會是極難堪的結局，於是他從兩萬賠償金開始逐漸加碼，最後以十六萬達成和解。

聊齋情節之五：兒子是她手牽手帶大的，在情感掙扎的幾年中，兒子曾因心疼多次制止她：「你不要再去找他理論了。只要我愛妳就夠了。」

但是進入離婚官司爭訟後，律師讓她陸續知道兒子的證詞中包括：「媽媽在外有多次不正當感情」、「媽媽和公司司機當著我的面，在前座開不雅玩笑。」

一支名牌手錶、一張無限額度信用卡、一部高級跑車、一個信託帳戶的承諾……，這些曾是她拒絕兒子太早擁有的奢華，現在因為壞人爸爸展現慈愛，讓她的存在，在名符其實的闊少爺親情中顯得如此多餘。

她還是想念孩子，但如何釋懷兒子袒護富爸爸所做的種種偽證？一個母親被兒子誣陷的糾結之痛，更甚於一個女人被男人鄙夷的折磨。

聊齋情節之六：她僅有的現金，陸續被語音轉帳侵占清空。家賊內鬼把她洗到手無寸鐵。她這才明白：銀行防治洗錢盜錢條款的存在，實在有其必要。

在公司營運有問題的時候，她名下的房子，由壞人主動變賣，個人保險也早已被壞人私下解約，本想告發保險公司，但是離婚官司過程讓她懂得，司法正義也是要有金錢後盾，才能讓子彈上膛。

經過離婚官司，她獲賠每月生活費補助與壞人名下的一戶房子。

但生活費幾個月後自動停付，判決給她的房子，也因對方拒接電話，仍在壞人名下，貴人律師知道她的近況，在二〇二四年年初伺機教育並安排代書：

「妳不需要經過他同意，只要拿著法院判決書，就可以合法辦理過戶。」

貴人律師重閱小蕊的離婚相關判決，提醒她可以爭取配偶剩餘財產差額分配請求。

「我請不起律師。」小蕊很為難。

「是我看不下去了。我不收妳律師費。」貴人律師說。

離婚三年後的現在，小蕊於二〇二五年初完成房子過戶，並隨即進入配偶剩餘財產差額分配請求權官司。

李律師解析

一般人結婚時，往往只想到日後的婚姻生活，比較沒有去想法律上的「夫妻財產制」。如果夫妻結婚或「婚前」並沒有約定要採用「約定財產制」（即「共同財產制」或「分別財產制」）時，就要當然適用「法定財產制」。就以本案例而言，小蕊與壞人結婚時沒有約定夫妻財產制，就要適用「法定財產制」。

法定財產制是，夫妻結婚前的財產仍歸個人各自所有，而結婚後的財產登記在何人的名下，就歸名義人所有。小蕊與壞人的婚姻關係存續中，小蕊因為生意突然被倒帳且金額龐大，小蕊為了脫產，把自己名下的資金，巧妙轉入其先生壞人的帳戶藉以「脫產」，造成自己名下一無所有，這對離婚後小蕊的財務情況就相當不利。

在此案例中，小蕊很幸運可以運用「法定財產制中」的「**配偶剩餘財產差額分配請求權**」規定，透過此一請求權的行使，向其離婚配偶去進行主張；**此一請求權是夫妻法定財產制關係消滅時，夫或妻現存的「婚後財產」，扣除婚姻關係存續中所負「債務」後，如有剩餘，其雙方剩餘財產的差額應平均分配**；但如果夫妻的一方對於婚姻生活沒有貢獻或協力，或有其他情事，致平均分配有失公平者，「法院」可以調整或免除其分配額。

由於小蕊在與其夫的婚姻存續中，小蕊努力事業並照顧家庭，如今因其丈夫的外遇而離婚，且丈夫名下仍有較多的財產，所以，小蕊可以行使「配偶剩餘財產差額分配請求權」，如果其前夫置之不理，則可以向管轄法院提起「民事訴訟」；不過需要注意「消滅時效」，即自請求權人知有剩餘財產的差額時起，「二年」間不行使而消滅[1]。

所以，夫妻雙方結婚時，除了考慮婚後的婚姻生活外，也應有夫妻財產規劃的考慮，是否要採用「約定財產制」，**一旦決定採用「約定財產制」時，只能就「共同財產制」或「分別財產制」二者選擇其一，且應以「書面」訂立夫妻財產制契約，並向法院辦理「登記」，才可以發生對抗第三人的效力**[2]。

如果結婚時沒有約定而適用「法定財產制」，嗣後夫妻雙方認為有「約定」的必要時，也**可以在婚姻關係存續中改採「約定財產制」**，一旦改採「約定財產制」生效時，則原先適用的「法定財產制」關係也就當然消滅。

在此案例裡，小蕊在與其丈夫的離婚官司中，獲賠每月生活補助費與「一間房子」。小蕊既然已經透過離婚官司由法院判決可以得到「一間房子」，該確定的離婚判決書即具有「執行名義[3]」的效力，小蕊可以提出「民事強制執行聲請」，也可以委請地政士（俗稱：代書）向地政事務所辦理所有權移轉登記，使仍登記在其前夫名下的房子，能夠移轉到自己的名下，這樣才有法律上的保障。

1 剩餘財產差額分配請求權，自請求權人知有剩餘財產之差額時起，「二年」間不行使而消滅。自法定財產制關係消滅時起，逾「五年」者，亦同（《民法》第一〇三〇條之一第五項）。

2 夫妻財產制契約的「訂立」、「變更」或「廢止」，非經登記，不得以之對抗第三人（《民法》第一〇〇八條第一項）。

3 「執行名義」是表示債權人對於債務人私法上給付請求權的存在及範圍，而得以據之聲請強制執行的文書，例如：法院確定終局判決，法院和解筆錄，調解筆錄……。

20

連哄帶騙「被離婚」，婚後零收入的我，如何安身？
婚內可提議自由處分金、婚外可要求給付扶養費

有魅力的容顏，隨著年華開高走低；
有魄力的寵愛，隨著發達見異思遷。
仁心仁義善待寵物是本分，自許自喜自居寵物是犯蠢。

Star很漂亮，漂亮的讓她不必動點子用腦子，就能求職順利，做事得力；更難能可貴的是，她在爾虞我詐的職場攻防戰中，雖然得到Boss目不轉睛的關愛，卻不曾恃寵而驕，對同事從不展示攻擊性與殺傷力。

Boss是家庭魁儡，承襲來的尊貴，當然不容易掌握主控權，他的苦悶在瞭解與理解他的Star面前，形成相濡以沫的依賴。

她愛他，是情感直覺。

他要她，是情緒渴望。

Boss說：嫁給我吧！

Star什麼要求都沒提出，就開開心心做了他的新娘，以為相夫教子是自己一生一世的夢想。

尤其，是Boss開口要求：「不要工作了，在家就好，照顧我跟生孩子，是妳唯一的責任。」哪個女人聽了這樣的說法不目眩神迷？

即使換作現在，一個男人如果要求妳只管「持家」這一樁事，也是夠迷人的魄力，只是現在的女人不相信這一套罷了。

勵志與資訊、婚姻與變數，一再進化女性認知：老公心在，他的財富就是妳的金庫；老公見異思遷，他的財富就能廢了妳的寶庫。

可憐的Star，很幸福的、很甘願的，就把自己吊死在一棵愛情樹上，甚至早早放棄「老闆娘就該是帳房」的天命，覺得避免涉入、充分自由，是她給家庭、給愛人最真善美的貢獻。

初始，他們夠愛、夠親密、夠熱烈，但是生了兒子沒多久，從襁褓開始，她就親力親為照顧，有時，她夜裡太累，有時，他煩躁夜哭，於是慢慢形成分床，最後乾脆分房。

兒子大學住校的時候，日子看來並無異常，但兩人都已經習慣各自一房，雖然早上他吃她準備的早餐，晚上她得到他入睡前的吻別，但是這樣的相安無事，她萬萬沒有警覺已經暗潮洶湧。

在職場裡社會上擁有較大的影響力之後，Boss出現的野心與狼性，讓妻子特別開心，覺得大丈夫如他，無需再受制長輩公婆，可以一洗年少時總受牽制的窩囊委屈，然而她的慶幸卻是她的不幸，殊不知面對丈夫的成功，也將面對其他投懷送抱的威脅。

有一天先生說：「我們搬出去住？先把這個房子還給我爸媽，然後我們買自己喜歡的房子，妳覺得呢？」先生如此尊重的問她的意思，當然好啊！這樣做是真正自立門戶，也顯見先生的骨氣。

那些年，她常陪伴丈夫應酬。因為舉止得體，總是受人喜歡。

可是她就從來沒有下功夫要和太太幫做「蜜友」，因為先生一再強調，特別喜歡她這樣的單純，她完全忽略非職業女性更需要一條耳聽目明的社會管道，再好品質的婚姻，也需要在通風報信裡篩選信任純度。

這些年，出差出國取代了應酬，他們成了電話夫妻。Star 常常一兩個星期看不到丈夫，但是眼見兒子快大學畢業，自己將有的是時間陪先生東奔西跑，心頭又是一陣苦盡甘來的欣喜。

這一趟先生出國足足有一個多月才回來，回來時，灰頭土臉：「公司業務合約出了狀況。」

為了保護Star的權益，對於夫妻間原有的共同共有財產，Boss提出建議：「基於安全，我們先去申請夫妻分別財產制；萬一真的出事，至少不會波及到妳。現階段，我們暫不買房子，用租的。」

Star謝謝Boss的愛。她照著一切合法程序，將共同財產做了切割。但是，她沒有法律知識，也沒有任何安危的戒心。

一個接一個「愛的安排」後，非常「安全」的Star現在是怎樣身家的女性？她是沒有工作、沒有住宅、沒有房產、甚至沒有生活費的某人太太，她開始覺得不對勁了……，連兒子都常常住在公婆家不回她的租屋處……。

警鐘就是喪鐘。

她去舊宅想一探究竟，看能不能從公婆身上找些蛛絲馬跡，這一去，不得了，真的天崩地裂，他們「全家」安好，公婆二人加父子二人，還有，還有一個年輕女主人……。

遮不住的新關係，既然被 Star 發現了，戲也沒什麼好演了。

Boss 擺出來的態勢，毫無隱瞞：通姦早已除罪化，妳真的告我？就能奈何我嗎？

她踉蹌回到一個人的「家」，這是什麼天旋地轉的世界啊？

婚後沒有在社會上工作的結果，就該得到這樣的懲罰嗎？她以為的幸福，原來只是販賣容貌姣好的基因，她潔淨的心思，原來竟是讓人看不起的廉價。

沒有籌碼，連一手帶大的兒子，都會透過他腕上那隻名貴手錶，讀出自己的旁白：「媽，我真的是毫無選擇，我不敢跟妳站在一條線上，否則，我就像現在的妳一樣，變得一無所有……。」

年輕時「不動點子，不用腦子」的她，現在為了活命，必須「動點腦子，用些點子」。

但是，沒有任何證據，沒有任何優勢，如果「無條件簽字離婚」是唯一結果，她如何承受這個惡棍的金蟬脫殼？

這個不到五十歲的女子，到底是犯了什麼蠢病，讓愛情親情膽敢如此殘忍的擺弄她？

李律師解析

我常常遇到先生要妻子婚後「不要工作，在家相夫教子」的「霸氣宣言」，但是當王子與公主不再幸福快樂而提出離婚，「手無寸鐵」的妻子悲憤過後，最焦慮擔憂的問題就是，未來應當如何生活？

此時，我會請當事人「回想」，她與丈夫間是適用何種「夫妻財產制」？如果夫妻沒有約定，就依照《民法》規定，要適用「法定財產制」。

「法定財產制」在民國九十一年修法之前稱之為「聯合財產制」。台灣目前大多數夫妻於結婚後，沒有以「書面」契約，約定夫妻財產制，就要適用「法定財產制」。

就以 Star、Boss 這對夫妻的婚姻為例，夫 Boss 在外工作，要求其妻 Star 不要工作，只待在家，則妻在「婚後」比較沒有錢財收入。萬一有一天「婚姻關係消滅」，例如 Boss 死亡，配偶 Star 除了有「繼承權」外，還可以本於配偶地位，依法主張行使「剩餘財產差額分配請求權」，這樣一來，對 Star 可謂較有經濟上的保障（《民法》第一〇三〇條之一）。

而且**夫妻如果是適用「法定財產制」，則一方也可以他方配偶約定「自由處分金」**。所以，既然 Star 是應 Boss 的要求，待在家、不工作，Star 便可以開口向丈夫要求每月負擔「家庭生活費用開銷」，另外也可以要求每月給付一定金額的「自由處分金」，Star 可以將之儲蓄於銀行帳戶，或進行投資，進而取得「被動收入」，讓自己的財富能逐漸達成「財富自由」。

此案例中關乎夫妻感情破裂的另一個大問題是，Boss 婚後向外發展，讓「第三者」有介入其家庭的機會。原本我國《刑法》有「通姦罪」的規定，這對愛偷腥的男人當然有一定的嚇阻作用，雖然是「告訴乃論之罪」、「法定一年以下有期徒刑」，總也是一「犯罪」規定。

未料大法官會議竟然解釋這條條文是「違憲」（大法官會議釋字第七九一

號），導致丈夫在外拈花惹草，配偶抓姦，只是以民事侵權行為責任[1]，即侵害「配偶權」去追究，而且賠償金額往往是數十萬元台幣就解決了，所以才讓 Boss 如此膽大妄為！

在這個案例中，還有兩個「陰謀」值得留心與借鏡。

陰謀一：當 Boss 因公司財務出狀況，為了「不連累」妻子，而提出將「法定財產制」改為「夫妻分別財產制」，完全是謊話連篇！

因為**夫妻適用「法定財產制」**，**是「夫債夫還，妻債妻還」**，如果 Boss 在外負債，Star **只要不是「保證人」**，**就不需承擔債務**；反而，改採「夫妻分別財產制」時，Star 依「法定財產制」可以行使的「剩餘財產差額分配請求權」就喪失了，這對婚後沒有工作收入的 Star 來說，未來就更沒保障。

陰謀二：在「不拖累」妻子的謊言下，Boss 取消購屋計劃，而此時 Star 也早就聽話的變成「租屋族」。若他們在婚姻關係中改採「分別財產制」，且丈夫是真心為妻子著想，縱使當時的財力已不能買豪宅，買間「小套房」並登記在 Star 的名下，即便 Boss 在事業上失利、負債，已登記在 Star 名下的小套房也不受影響。

總結這個案例，Star經歷了二十年的婚姻，年紀又近半百，她應當堅持不能無條件離婚，如果Boss要求離婚，則一定要透過「談判」獲得一筆金額；倘若狠心的Boss不給，Star可以先透過法律程序，要求給付扶養費[2]，因為婚姻關係存續中的丈夫對於毫無工作的妻子，必須承擔扶養費用。

從Star慘痛的婚姻故事裡可以看出，在婚後或離婚案中，女性多屬經濟條件較弱的一方，但不論男女，在婚姻關係中固然要顧家，也應將「愛情」與「經濟」兼顧，才不會事後追悔！

1 《民法》第一八四條：因故意或過失，不法侵害他人之權利者，負損害賠償責任。故意以背於善良風俗之方法，加損害於他人者亦同。違反保護他人之法律，致生損害於他人者，負賠償責任。但能證明其行為無過失者，不在此限。

2 《民法》第一一一六條之一：夫妻互負扶養之義務，其負扶養義務之順序與直系血親卑親屬同，其受扶養權利之順序與直系血親尊親屬同。

21

一場打不完的官司，散盡時間金錢換自由
合法蒐證、慎選律師，協調更勝上法院

渣字真無盡頭，會捲土重來耍奸殘虐。
留神結疤的傷，會突如其來病變成災。

結婚二十年，離婚纏訟二十年，現在邁入七十歲，終於含傷自由；如果重新來過，到底怎樣做才不算犯傻？

阿飛是空勤，阿喜是地勤，兩人是相愛成婚的，但是到底怎麼搞到水火不

容地步？即使身歷其境，阿喜也說不出個所以然來。

沒有年輕激情，少了貼心互動，阿飛幾天任務後回家，總以國際航線的時差為由，讓自己在家的蒙頭大睡、無話可說顯得合情合理，是嗎？

阿喜不明白事有蹊蹺？她只是裝傻罷了。

情感上情緒上，阿喜表現得很賢慧，只要你不出包，我就絕不出聲，反正相處時間不多，得過且過中也能將就將就。

小小兒子貼心，小小女兒可愛，阿喜覺得，爸爸不在家，大家好像都比較輕鬆自在；婚姻雖然已經淡而無味，但是媽媽的角色，讓她同意默許一切現狀。況且爸爸給的家用說得過去，她張羅照顧兒女不致吃力。

後來，家用給的不穩定了，她怎麼追問，他都答的含糊。

公司裡的同事有親有疏，但認真又不露痕跡的打探一下，還是能找出做太太當注意的細微末節，比如「大家都知道」他在美國城市一下勤務，就直奔鄰近的賭場流連，不過他自己是謹慎的，回到飯店絕口不提已經上癮的娛樂。

為妻，最怕夫君三件事，酒癮賭癮桃花癮。

阿喜當阿飛工作壓力大，認為他玩玩籌碼也是舒壓，並沒當大事，但也不能兩眼全閉，於是蜻蜓點水說：「你在外玩什麼都要有預算限制，我不會約束你，但為了小孩，你要自律。」

很多年沉默關係後，有一天阿喜收到法院通知公文，很扯，非常扯，阿飛以不照顧公婆不照顧子女的理由訴請離婚，這無預警的動作，阿喜簡直無法思考所為何來？

當然，經過開庭、又經過少年法庭的偵詢，阿喜顯然不是婚姻的犯錯方，法院駁回阿飛的訴願。

既然這樣開戰，阿喜要重新檢視這段感情的存廢了，朋友教她：「先掌握證據，請徵信社跟蹤。」沒想到這樣花錢蒐證舉證竟是開啟錯誤的第一步。

徵信社果然交付很多錄音、相片，她持證找了一個笨律師，笨律師居然當庭呈上證據，想舉證阿飛的紅粉知己確實侵害配偶權，但是相對的，小三比元配有法律知識，遞狀告阿喜「侵害隱私權」，這場官司，阿喜最終被判賠六十萬。

官司是一場賭局，嚥不住那口氣的一定會豁出去再幹一票。

朋友遞情報，阿飛在美國辦了結婚，法律上，台灣元配是無可奈何的。但老天借膽，阿飛居然拿著美國的結婚證書到公司申請配偶登記，這樣，紅粉知己可以享受婚姻福利，以眷屬身分得到全世界多航程雙飛雙宿的優惠。

這一招，在公司產生熱議，從不透露婚姻狀況的阿喜羞的無地自容，卻贏得鞏固正宮女權的同事們代她掃「渣」，公司自然駁回優惠機票的申請。

一日瞥見臨櫃一張熟悉名字的便條紙訂航班，阿喜瞬間警覺，能靠紙條訂機位當然是熟人的熟門熟路，她順手拍下丈夫的筆跡，作為侵犯配偶權的證據，但是阿飛不記得自己有寫過字條，迅速反擊這是偽造文書，阿喜出示手稿並提出誹謗告訴，最後法院裁示阿喜勝訴，阿飛判賠給她六十萬。

麻煩又來了，紅粉知己以「洩漏個資」對阿喜的公司提告。

公司高層約談阿喜：「妳就跟她道歉，不要把妳的家務事扯上公司。」阿喜正在瘋頭上，頂撞長官：「你老婆會同意道歉嗎？」知道她的傷心，長官怎能強人所難？

這個控訴，讓公司遭判賠六十萬，這六十萬當然是公司曉以大義，由阿喜自己掏錢理賠。

存在婚姻關係中的幾樁官司，來來回回訴訟，歷時二十年。

一戰又一戰，他們打到精疲力竭，打到錢財散盡，打到已升格做了爺奶。

有一天阿喜不再覺得「氣不過」、「不甘心」，子女也覺得爸爸和「那個阿姨」住在媽媽家附近十幾年，實在沒有理由再繼續折磨媽媽。終於在兒女見證簽署下，徹底結束這段婚姻，母親為了保護子女，還在協議書上列明但書：我們都沒有盡到好父母的責任，所以同意未來也不要求他們奉養。（這一則但書，並不會出現在婚姻註銷的紀錄中。）

前半場，是阿喜不同意離婚放行，後半場改為阿飛覺得就這樣掛著也無所謂，這一生的蹉跎，誰快樂過？法律是用來照顧懂法律的人，不是用來保護沒犯錯的人，每一次的勝利，都是另一場大輸的開始？

李律師解析

隨著現代人的愛情觀、家庭觀看法改變，不論是「閃婚」或「閃離」，早已不是新鮮事。雖然我國《民法》對於離婚採取容認的態度，如雙方都同意離婚，再有兩位證人見證、訂立「書面」離婚協議書，並至戶政事務所辦理「離婚登記」，即可發生離婚效力。

反之，如果夫或妻有一方不同意時，就必須要透過法院「裁判離婚」，而提起離婚訴訟必須要有「法定事由」，如：一方不堪他方同居虐待、夫或妻一方與人通姦者……等（《民法》第一〇五二條）。

不過提起離婚訴訟，依現行《家事事件法》採取「調解前置主義」，於離婚訴訟，家事法庭會先進行「調解」，調解不成，進入訴訟程序，雙方仍可因「和解」成立，而簽訂「和解筆錄」[1]，再持「和解筆錄」至戶政事務所辦理離婚登記也可以發生離婚效力。

夫妻如果希望好聚好散，建議雙方協議談好離婚條件，訂立離婚協議，辦妥離婚登記，才不會由「良緣」變「惡緣」。千萬不要執意透過「訴訟」，當雙方對簿公堂，互揭瘡疤，惡言相向，越演越烈，既傷神耗財又浪費青春生命。

在這個案例中，阿喜為了掌握阿飛於婚姻關係存續中有出軌的行為，花錢找徵信社，但未能注意法律分際，反遭小三控告侵害「隱私權」，其實打官司確實掌握「證據」非常重要，證據包括人證、物證、文書、勘驗、鑑定，且證據又有「直接證據」、「間接證據」。不過蒐證時，仍須以「合法」的方式取得，進而盡自己在法律上的「舉證責任」[2]，才可以使自己的訴訟能立於不敗之地。

又前面的案例提到阿喜找到一位「笨律師」。其實打官司涉及法律專業，切忌當事人自己盲修瞎練，而應委託專業律師協助。

找律師之前，自己仍需做點功課、稍具法律知識，並與欲委任的律師先進行「法律諮詢」，試探這位律師是否專業、精明及負責任。如果發現委託律師並不適任時，則再尋覓其他較為適任的律師。這樣才不會讓自己勞神、傷身、耗財、耗時，最後則悔不當初！

律師有各種類型，有些好強、好鬥，有些則願勸和，一般人在氣頭上，最喜歡聽到「告死對方」的用語，其實碰到糾紛冷靜思考一下比較好。

孔子曾說：「訟則終凶」的道理。**千萬不要把訴訟當成「目的」、「樂事」，原則上盡量協調，協調不成，且已收集好有利「證據」時，不得已才上法院打官司，確實做到「謀定而後動」！**

1 《民法》第一〇五二條之一：離婚經法院調解或法院和解成立者，婚姻關係消滅。法院應依職權通知該管戶政機關。

2 《民事訴訟法》第二七七條：當事人主張有利於己之事實者，就其事實有舉證之責任。但法律別有規定，或依其情形顯失公平者，不在此限。

22

家暴零容忍，就算少了生活費，也要勇敢說再見
緊握保護令、牢記告訴期間，為受傷的身心討公道

不要對砍你的人高呼我愛你，
因為你的愛就是他不手軟的膽識。

小Z是受薪護理師，大A是診所的醫師，郎才女貌，職業匹配，這種組合，誰說不是婚姻價值的上上籤？

Z爸看準大A是完美女婿人選，不但一表人才配得上自己女兒的美貌，工

作專業又有穩定收入，是一支無風險的績優股。

大A追求積極，小Z甜而不黏，倒是Z爸一廂情願的急：「人家當妳是個寶最重要。」所以大A的求婚，可以說是Z爸點頭許諾的。

婚禮準備過程中，被大A狠離的前妻，一通電話打到小Z任職的醫院咆哮吼叫，完全不知情的小Z此刻就算明白一切，也為時已晚，因為她懷孕了。

就她而言，她不是小三，她是被騙婚，但是A妻被閃離的怒氣，必須找人出氣，難聽話罵完，本來也是受害人的小Z，卻無地自容起來。

做為大A第二任太太，小Z以為是自己身孕的不便，給先生繼續在外尋求短暫歡愉與獵豔的本性，所以，她自動過濾女性直覺的蛛絲馬跡，相信孩子出生後，彼此都能回歸正常。

接著，常聽大A陳述原生家庭孤僻排外作風，生為老么的他不但未受寵，還不停接收父母親斥他是多餘的、是不該生的。這些抱怨，讓小Z以為她能提供安慰，在一次閒聊觀點中，她引用愚忠愚孝評語，這真是馬屁拍在馬腿上？冷不防，他一個耳光就甩了過來。大A怨恨父母是事實，但也由不得別人批評他的矛盾心態。

誤判情勢導致的風暴，再也遮不住美男子醫師的戾氣。一個紮實巴掌，讓這樁看似美好的婚姻出現了恐懼氛圍。

易受孕體質的小Z，婚後接連生了兩個女兒。隔六年，小Z懷上三寶，他卻斬釘截鐵表示：「是兒子才留下。」還好，老三是個男孩，他果然興高采烈。一個現代人，生三個孩子實屬少見，如果不是懷疑幸福變質，她想生更多孩子，因為她喜歡孩子，也以為孩子可以帶給爸爸快樂，結果一切都是誤會。原以為自己是他的真愛，結果也是誤會。

他十分極端，在家庭裡對妻子孩子的指揮，朝令夕改，一陣風一陣火。

除了肢體暴力，他的語言暴力，也深具摧毀人格的威力，她百般討好迎合，終於發現委屈也不能求全；他舉證外面的女人好，因為打她們也不跑，她幽幽的問：「什麼時候打不跑也列為優點了？」他又惱怒動手了：「妳這是耍嘴皮子？」

警察來按電鈴，女警直接把男主人推出一個安全距離，要求小Z自己回答問話，小Z大事化小，請警局不要做筆錄。

警察走後，爸爸問：「是誰報警？」

小學三年級的女兒毫無畏色的說：「是我打的。學校老師教我們可以打113家暴專線。」

看到爸爸欺負媽媽，女兒五年級的時候，就立定志向當一名女權兒少律師，她說：「我打不過爸爸，但是我可以用我的專業保護妳」。

婚姻裡的家中大事，都是由大A規劃並決定，小Z完全配合指示，撇開自己遭遇的種種虐待，在教育投資方面，她感恩暴力丈夫至少用絕對的慷慨，證明他對子女教育環境的選擇很有遠見。

異國居住的默契，是媽媽照顧孩子，爸爸負責生活教育開銷。

申請移民手續那些年，他們「鬧」離婚多次，但婚姻內八張驗傷單都沒有提出告訴，因為他需要良民證，所以先發制人提出警告，如果移民過不了，就是她毀了孩子們的前程。用孩子的未來對一位母親進行情緒勒索，很有效，為了避免留下任何壞紀錄，她隱忍。

後來在一次衝突中，他搶她的手機，蓄意將小Z的手指卡在門縫中夾斷後，她聲請了第一張保護令，娘家全員出動，堅定支持小Z提出離婚要求，結束十七年的婚姻。

至今，小Z定期上網補足時數，讓護理師執照永久有效。她曾有南丁格爾人生夢，因為愛情，被迫退出護理師工作，因為家暴斷指，再也無法拿起針筒。

離婚那年，小Z收到一張地政事務所的房屋稅單，發現前夫早在婚內就跟某女共同置產。雖然已被狼君放生，但是看到稅單的小Z萬念俱灰，吞了藥，站上十三樓準備一了百了⋯⋯。結果藥效發作昏睡在女兒牆邊，警消人員趕到現場將人送醫。醒來第一眼看見小兒子在急診室放聲大哭：「媽媽，妳不要死⋯⋯」，她也抱著兒子大哭，從此，徹底對往事斷念，好好照顧三個孩子。

小Z和三個孩子關係緊密，也始終想不明白，他們的爸爸毫不為難的願意提供豐衣足食，也投資昂貴良好的教育機會，但是卻沒有能力給出一點點父親的愛？好在，他雖會打妻子，也會打女人，唯獨，他沒有打過他的孩子。

現在的小Z不能說滿血復活，但至少摘掉妻子頭銜以後，她不用在痛苦與恐懼中討生活，甚至，如果必要，她敢大聲並直視前夫的眼睛教育他：「尊重我就是你對自己的自重，這樣，你還有機會挽回子女跟你之間的親情。」

孩子陸續上大學了，今年，小Z將面臨離婚協議書上註明的「提供生活費至子女十八歲」，但是十八歲的女兒之下還有弟弟妹妹，她們母子三人的生活費會扣減多少？

李律師解析

在這個案例中，小Z受到「家庭暴力[1]」，所以首先應先運用《家庭暴力防治法》[2]聲請「保護令」。目前保護令可區分為「通常保護令」與「暫時保護令」。暫時保護令又可分為「一般性暫時保護令」與「緊急性暫時保護令」。家庭暴力的被害人依《家庭暴力防治法》的規定，僅可以聲請「一般性暫時保護令」及「通常保護令」。

「保護令」的內容有「禁制令」、「遷出令」、「遠離令」、「決定令」、「給付令」、「防治令」……等；至於接到保護令的實施暴力者，即須遵守保護令的內容，而不得有所違反，否則會構成「違反保護令罪」[3]。

小Z除了聲請「保護令」外，因為大A故意用門縫夾斷小Z的手指，已經構成「傷害罪」[4]，小Z可分兩部分去進行法律維護權益的主張，分述如下：

一、刑事部分：提出「刑事告訴」，《刑法》第二七七條「傷害罪」屬於「告訴乃論之罪」，而《刑事訴訟法》規定的「告訴期間」則是「六個月」，也就是當「被害人」知道是「什麼人」犯了「什麼罪」的時候，告訴期間就開始計算，被害人必須在六個月內提出告訴，因此小Z得注意「告訴期間」的規定[5]，才有機會追訴大A的刑事責任。

二、民事部分：提出「民事訴訟」，依《民法》侵權行為的規定[6]做為請求基礎，進而依《民事訴訟法》的規定請求醫療費用、喪失或減少勞動力的損失、精神上的損害賠償[7]。

小Z因為大A的行為傷透了她的心，她也跟大A離婚，小Z在離婚問題中，涉及以下三個法律問題：

一、子女的監護權：關於未成年子女的權利義務的行使或負擔，由離婚夫妻雙方互相協議，可以由「一方單純監護」，也可以「雙方共同監護」。如果雙方未協議或協議不成時，就要向法院提出請求，由法院進行裁判，法院裁判時，必須依「子女的最佳利益」，審酌「一切情狀」，尤其要注意下列事項：

1、子女的年齡、性別、人數及健康情形；

2、子女的意願及人格發展的需要；

3、父母的年齡、職業、品行、健康情形、經濟能力及生活狀況；

4、父母保護教養子女的意願及態度；

5、父母子女間或未成年子女與其他共同生活之人間的感情狀況；
6、父母之一方是否有妨礙他方對於未成年子女行使負擔的行為；
7、各族群的傳統習俗、文化及價值觀。

二、子女的探視權：如果未成年子女由一方監護，他方對於子女仍有探視權，離婚夫妻對於探視權可以互相協議，協議不成時，也可以向法院提出請求，由法院審酌裁判。

三、子女的扶養費用：夫妻對於未成年子女負有扶養義務，且該扶養義務不因「夫妻離婚」而受到影響[8]，至於「扶養費用」的負擔可以由離婚夫妻雙方協議，如果協議不成時，則可以向管轄法院提出請求，而由法院為裁判。

1 「家庭暴力」指家庭或成員間實施身體、精神或經濟上的騷擾、控制、脅迫或其他不法侵害的行為（參見《家庭暴力防治法》第二條第一款）。

2 《家庭暴力防治法》是立法院為防治「家庭暴力」及保護被害人權益起見，於民國八十七年間三讀通過。透過該法建立「民事保護令制度」，並將家庭暴力行為「犯罪化」。

3 民事保護令的義務人如果違反法院依《家庭暴力防治法》第十四條第一項、第十六條第三項所為的下列裁定，就構成「違反保護令罪」，即：禁止實施家庭暴力；禁止騷擾、接觸、跟蹤、通話、通信或其他非必要的聯絡行為；遷出住居所；遠離住居所、工作場所、學校或其他特定場所；完成加害人處遇計畫。構成上述犯罪，法定本刑為三年以下有期徒刑（《家庭暴力防治法》第六十一條）。

4 《刑法》第二七七條第一項規定：傷害人之身體或健康者，處五年以下有期徒刑、拘役或五十萬元以下罰金。

5 《刑事訴訟法》第二三七條第一項：告訴乃論之罪，其告訴應自得為告訴之人知悉犯人之時起，於六個月為之。

6 《民法》第一八四條第一項前半段規定：因故意或過失，不法侵害他人之權利者，負損害賠償責任。

7 《民法》第一九三條第一項：不法侵害他人之身體或健康者，對於被害人因此喪失或減少勞動能力或增加生活上之需要時，應負損害賠償責任。《民法》第一九五條第一項前段：不法侵害他人之身體、健康、名譽、自由、信用、隱私、貞操，或不法侵害其他人格法益而情節重大者，被害人雖「非財產上之損害」，亦得請求賠償相當之金額。

8 《民法》第一一一六條之二規定：父母對於「未成年子女」之扶養義務，不因結婚經撤銷或離婚而受影響。

23

大筆我付、小額你出，離婚還要花一半財產當分手費？

離婚關鍵一動作：拋棄配偶剩餘財產差額分配請求權

如果循循善誘不能洗淨青面獠牙，善良就是零價值的裝模作樣。

有心理醫生熬不過憂鬱症，結束了自己。
有理財專員因按錯鍵，一次就背負終生償還不完的債務。
有媒體主管，因為誤判一則新聞惹上官司。

既然天才會輸給天才，冠軍能打倒冠軍，那麼，律師被律網纏得透不過氣，也不是什麼絕對不可能的事。

她是一級主管，工作能力強，辦公室風評佳，收入高過一般，還時時求學上進，朋友圈裡人緣好，美麗魅力都不遭忌……。

人不能完美，樣樣完美，就會有想像不到的暴衝。

這個婚姻，沒有暴力，沒有外遇，只是她太優秀，他太不適應她的優秀。於是走著走著，走出種種不自在又不舒坦的陌生。

既然這樣，他們像愛情告吹而非婚姻結束，在沒有攻擊的坦然中，和平分手了；協議離婚並遷出戶口名簿後，他搬離她一手購置的家。

關於動產與不動產，你的是你的，我的是我的，彼此沒有討論，也沒有爭議，兩人不動聲色的安靜，真像是什麼都沒發生，要好的朋友都不清楚他們當真拆夥分家了。

她一手調教的女兒，從鋼琴芭蕾舞的資優生，變成只會誇張嚼口香糖炫耀腰際上刺青的暴走女郎，經濟基礎平穩但不富裕的爸爸，推翻以往的循循善誘，一再擺明支持女兒的特立獨行。

她跟他溝通：如果讓女兒走回傳統氣質路線會不會更理想？

他反唇相譏：妳要的氣質路線也沒有維持住一個家庭，何必都照妳的意思過日子？

她無言。開始拒絕忙碌，盡可能靠近女兒，想從生活裡找到最初的共鳴。

然後，她感覺到巨大的要脅、謊言、物質索求，讓親情扭曲了。

越是想證明母親的愛，關係越是出現複雜的情緒，他們一起掉進親情的角力漩渦，而且她已被判是失敗者，同仇敵愾的父女，以「基於自由」的嚮往理由，覺得他們才是適合的室友，女兒只告知不商量的就搬去跟爸爸住。

她的失婚，終於在別人看不到的暗夜裡淚流成河。

這天，她收到一封掛號信。來自地方法院家事庭，這一紙通知書，擬為

「夫妻剩餘財產差額分配」的起訴進行調停。

起訴？在他們和平結束婚姻兩年後，他要採取官司手段？他要請求剩餘財產差額分配？

她是法律系畢業，她是大企業法制室的掌舵人，她處理的事例大到千百億，她的循規蹈矩讓任何瑕疵都無縫可藏，她的厲害是業界傳奇……。

這樣的她，對曾經的伴侶在婚姻中婚姻後，卻沒有採取過任何防備工事。百密一疏，所有傷心人都會引用的驚嘆，無外乎這兩句「怎麼可能這樣！」「我不相信他會這樣！」。

他可能，妳也該相信，因為，所有的不可能本來就慣性發生在信任的關係上。

當初離異，各自留下各自名下的財富，她是心安理得的。因為，職業類型的不同，造成他們之間財務傾斜，所以從進入婚姻以來，彼此的默契就是大錢她出，小錢他付，他們真的沒有因為金錢心口不一過。

而今，各分東西數百日，他突然要求財產分配，這記回馬槍，打得她不是大夢初醒，而是跌進萬丈深淵。她先問自己有沒有在婚內消耗過對方的財富？繼是問自己是不是疏忽大意，多少也可以給對方一點金錢作為平衡成本？

她的善念沒有得到善應。

當她還在想如何理性感性解決這個問題時，更大火力的轟炸來襲。持著男方訴狀的律師，依法行使權力，先向她任職的公司要求調取資料，弄得滿城風雨，掀出她的婚姻隱私，接著又到金融銀行，統合蒐集她所有財富的種類與金額。

因為坦蕩，這個職場上的權威律師，竟從來沒有把自己的所得隱藏起來，現在的曝光，透明到一絲不掛，動不得，挪不走，她失去保護自己的能力。

身為律師的她，現在必須聘請擅長財產官司的律師來保護自己。

如果財富對半分，心情上、道理上，她覺得實在說不過去，因為她從來不是依賴丈夫養家的妻子啊！但是分給對方部分，可以換得和平解決，她是願意在免強中接受的。

執念，真是執念啊！她還一心認為可以和平談判、和平協議、和平共存。

雖然是女性，她同意既然自己經濟條件比對方豐厚，很願意因為夫妻一場，另作適當分配。

但是她的律師A挫敗而歸。

律師A開誠佈公，向對方律師B提議，開個金額範圍，讓雙方當事人盡快完成和解，但對方律師B不但揶揄的沒開條件，還堅定無比的說：「除了一人一半，其他條件免談。」

律師A判斷這場官司因為她財務曝光無所遁形，更會增加對方的貪念，甚至分析律師B如此不容商量的強硬，很可能是比照勝訴金額做天價拆成律師費，如果以她的財富百分之五十做獎賞，曾經溫和的前夫確定自己面對著金礦，大概不惜一切也會戰到一兵一卒。

朋友和律師A勸她，或許動之以情，和前夫好好面談一次，只要前夫肯鬆口，事情就可以緩和一點找到新共識。

她含淚對心疼她的人說：「當我知道他是這樣一個人之後，我怎麼有辦法坐下來跟他面對面說話？」

金錢，是致命武器。可以打破常規，可以打破僵局，也可以打破倫理。而纏鬥，有時只是為了嚥不下那口氣。

關於金錢，她一開始就給得起，也願意給，但現在？她什麼都不想給了。

李律師解析

透過「協議離婚」和平分手的女律師與前夫，在結婚時沒有採用「約定財產制」，而是用了國人最常見的「法定財產制」，萬萬沒想到在離婚即將屆滿「兩年」之際，她的前夫卻來主張「配偶之剩餘財產差額分配請求權」！

其實，透過「協議」方式離婚，確實比透過法院裁判離婚要平和多了，但訂立離婚協議時，仍須周延考量相關的法律問題，如果一旦有了疏漏，而離婚的另一方倘若有了「貪念」或「報復心」，恐怕還會衍生其他的法律爭議。就像在本案例中，精明的女律師與其前夫離婚時，因遺漏了「配偶剩餘財產差額分配請求權」的處理，而導致後續風波。

在此需留意，「離婚協議書」也是一種「契約」，離婚雙方當事人除了明確表達有離婚的意願，如有未成年子女，針對子女的「監護」、「探視」、「同住」、「教育經費」，以及對於夫妻各自財產的確認等約定外，其他只要不違反法律的強制、禁止規定或公共秩序、善良風俗均可約定，一旦合法的約定即具有法律效力。

曾有一位在科技業服務的當事人來尋求法律諮詢，他因外遇，被妻子抓姦，後來這位科技男願意與其妻離婚，並給她新台幣五百萬元，雙方遂至戶政事務所辦妥離婚登記。他原以為事情已經圓滿落幕，未料不到一年半後，他的前妻向法院提告，向他要求「配偶剩餘財產差額分配」，金額高達新台幣兩千萬元，由於他在婚後賺了不少錢，名下財產很多，所以前妻基於「爭財」而提告。像這位科技男也是疏忽了在「離婚協議書」上處理「配偶剩餘財產差額分配請求權」的問題。其實他只要在離婚協議書上加上一條「雙方妻願拋棄對夫之配偶之剩餘財產差額分配請求權」，這個問題就不會發生。

現在就說明「配偶剩餘財產差額分配請求權」，乃指「法定財產制」關係消滅時（離婚、一方死亡、婚姻被撤銷等），夫或妻現存之婚後財產，扣除婚姻關係存續中所負債務後，如有剩餘，其雙方剩餘財產的「差額」，應平均分配。

依上所述，配偶之剩餘財產差額分配請求權行使的要件，即：

一、「法定財產制」關係消滅：我國夫妻財產制區分為「法定財產制」、「共同財產制」及「分別財產制」三種，如夫妻間已約定採用「共同財產制」或「分別財產制」時，縱使夫妻間之法律關係消滅，也不得主張「配偶剩餘財產差額分配請求權」。

二、夫或妻現存之「婚後」財產，扣除婚姻關係「存續中」之債務有剩餘：所謂「婚後」財產，即為「婚姻關係存續中」取得之財產，如為夫妻「婚前」取得之財產，則不列入「配偶剩餘財產差額分配請求權」分配的範圍。

三、夫妻取得「婚後」財產之原因，須非因「繼承」、「無償取得」或「慰撫金」。

四、配偶剩餘財產差額分配請求權未罹於時效：「配偶剩餘財產差額分配請求權」自請求權人知有剩餘財產之差額時起，「二年」間不行使而消滅，自法定財產制關係消滅時起，逾「五年」者亦同。也就是在婚姻關係結束後，若發現對方婚後財產比自己多很多，需在「已知」**有財產差額的「兩年內」採取行動**。在此仍需注意，**不論已知婚後財產有落差的時間點為何，最晚須在「婚姻關係結束後的五年內」提出請求**。

以下舉例與試算，將更清楚說明「配偶剩餘財產分配」：

陳先生與陳太太結婚時，未約定夫妻財產制。婚前陳先生擁有一棟房子，

試算「配偶剩餘財產分配」

陳先生的財產＝ 2000 萬－婚前財產 400 萬－繼承財產 300 萬
＝ 1300 萬

陳太太的財產＝ 350 萬－婚前財產 300 萬＝ 50 萬

根據「夫妻剩餘財產差額分配請求權」的規定，婚前財產以及因為繼承取得的財產，都不列入計算，因此，陳太太可以向陳先生請求的金額＝（1300 萬－ 50 萬）÷ 2 ＝ 625 萬

價值四百萬。陳太太擁有現金存款三百萬。婚後陳先生因為繼承，取得三百萬。在兩人離婚時，陳先生的財產總計兩千萬，陳太太則是三百五十萬，當兩人婚姻關係結束時，兩人的財產應該如何分配？（詳見上方算式）

由以上說明可知，如果夫妻採用「法定財產制」，於離婚時，一定要考慮到「配偶剩餘財產差額分配請求權」，切勿有所疏漏。

基於此，國人為避免日後萬一離婚，會牽扯剩餘財產差額分配，建議可在結婚前先做「婚前契約」，約定結婚後採用「分別財產制」，預防日後感情生變而離婚時，才能免去「配偶剩餘財產差額分配請求權」的困擾！

法律應用問與答
——夫妻財產制篇

Q：什麼是「法定財產制」？

A：《民法》第一〇〇五條規定：夫妻未以契約訂立夫妻財產制者，除本法另有規定外，以「法定財產制」，為其夫妻財產制。也就是夫妻結婚後，法律規定必須在婚姻關係存續中，適用一種夫妻財產制，而因其適用不得夫妻間「意思表示」，也就是，若未另行約定夫妻財產制，在法律將直接適用法定財產制，無須夫妻兩人的選擇與同意。

Q：什麼是「配偶剩餘財產差額分配請求權」？

A：適用「法定財產制」的夫妻，「結婚前」的財產歸個人各自所有，而「結婚後」的財產登記在何人的名下，就歸名義人所有。根據《民法》第一〇三〇條之一第一項，當「法定財產制」關係消滅（如一方死亡或雙方離婚），夫或妻現存的「婚後財產」，扣除婚姻關係存續所負債務後，如有剩餘，其雙方剩餘財產的差額，應平均平配。但因繼承、無償取得的財產及慰撫金不列入婚後財產。

Q：什麼是「約定財產制」？

A：指夫妻於婚姻關係存續中，以「契約」約定相互間的財產關係及對第三人債務的清償責任；此一約定將排除「法定財產制」的效力，改以夫妻雙方選擇的財產制。我國《民法》第一〇〇四條規定：夫妻得於「結婚前」或「結婚後」，以「契約」就本法所定之「約定財產制」中，選擇其一，即「共同財產制」或「分別財產制」，為其夫妻財產制。

Q：什麼是「共同財產制」？

A：「共同財產制」是夫妻在婚姻關係期間，根據各自財產獨立的機能，將夫妻財產結合成能統籌支配的單一財產（參見戴東雄、戴瑀如著：婚姻法與夫妻財產制，頁203~204，2009年1月初版一刷，三民書局）。我國《民法》第一〇四一條有規定兩種共同財產制，即「普通共同財產制」及「勞力所得共同財產制」。

Q：什麼是「分別財產制」？

A：分別財產制是將夫妻財產採取「絕對分離主義」，夫妻財產不但自結婚起就完全分開，而且日後也沒有剩餘財產差額分配的問題。

Q：如何界定「婚前財產」與「婚後財產」？

A：白話來說，以結婚的時間點為準，結婚前的財產稱為「婚前財產」；結婚後的財產為「婚後財產」。根據《民法》第一〇一七條，不能證明為婚前或婚後財產者，推定為婚後財產；不能證明為夫或妻所有之財產，推定為夫妻共有；夫或妻婚前財產，於婚姻關係存續中所生之孳息（利息、租金、股利等），視為婚後財產。

Q：什麼是「自由處分金」？

A：根據《民法》第一〇一八條之一規定，夫妻於家庭生活費用之外，可以協議一筆金額，供夫或妻自由支配運用，例如個人儲蓄、交際應酬、興趣培養等。

Q：什麼是「消滅時效」？

A：指因長期間不行使權利，而使「請求權」效力減損的時效制度。也就是說，當消滅期效期滿時，債權人雖有權請求，但債務人可以拒絕給付，使請求權的實際效力受到限制。（《民法》第一四四條第一項）

真實求助與李律師解析

——法律應用特別篇

因為太過傷痛，他們不想陳述自己的遭遇，關於已經發生或正在進行的細節，他們連對錯都不想申辯，甚至不需要安慰，只想要一個專業指點，一個合乎人性的答案。有些遭遇，明知沒有公平性可追討，可是，該怎樣嚥下那口氣？

Q：婚後，我的太太沒有工作，我也把大多數的金錢放在她的名下，並用鉅額保險維護她的未來。但，她出軌了！請問律師，我可以堅持離婚嗎？我可以拿回她帳戶裡的錢嗎？離婚時，她有權利要求夫妻剩餘財產分配，奪走我的保險資產嗎？

- 離婚時，建議優先考慮「協議離婚」，如果破局，就必須依《民法》的規定訴請法院「判決離婚」。
- 若想拿回妻子名下的錢，先生必須證明當時只是借用妻子「銀行帳戶的名義」開戶。
- 夫妻若是適用「法定財產制」，則一方配偶可以向他方主張「剩餘財產差額分配請求權」。
- 保險的部分，除了變更受益人，可先釐清保單的「現金價值」，假設「已繳保費」是從婚後財產支付，就很可能被認定是夫妻剩餘財產的一部分。在離婚前，建議可透過贈與、信託等方式，減少妻子可請求的財產範圍。

Q：爸爸過世後，我獨立照顧姑姑，雖然我不是姑姑的法定繼承人，也不是為繼承財產才全心照顧，但陪伴她的確占據我半個人生，甚至荒廢發展自己的社會關係，我們姑姪之間，到底該有什麼合情合理，還要合法的規劃？

- 姑姑與姪子二人可以訂立「意定監護契約」，找民間公證人或法院公證人公證，於契約中指定「姪子」為未來精神障礙或其他心智缺陷、失能時，擔任「監護人」。
- 建議姑姑預立「遺囑」，在遺囑中表示自己往生後，將房子或其他財產遺贈給姪子，並指定姪子為「遺囑執行人」。

Q：聽說只要有二十歲年齡差即可辦理領養。我現在七十二歲，可以直接領養四十至五十歲的成年人嗎？領養大齡子女是因為血親不親，我已沒有時間與體力養育青少年，我需要我的養子女有足夠能力照顧我的生活、處理我的財務。但是我該有哪些安全措施呢？

- 收養者的年齡原則上應長於被收養者二十歲以上。
- 若已婚，則夫妻收養子女時，應共同為之。
- 收養應訂立「書面」的收養契約，並依《家事事件法》所規定的程序向法院聲請「認可」。

- 仍應運用相關的「法律措施」，像是贍養契約、遺囑、信託，保障自己權益；否則，不孝的養子女在社會上仍時有所聞。

Q：所有通訊工具都多年沒有任何聯絡痕跡，在血親關係淪為殭屍狀態下，拒絕給手足特留分，還需要舉證手足曾公開侮辱等事由嗎？「被繼承人」生前寄給繼承人之列舉陳述惡行的家書信函，能生前裝訂成冊列為證據嗎？

- 如果兄弟姊妹具有「喪失繼承權」的事由存在（《民法》第一一四五條），就可以於遺囑中剝奪其「繼承權」，一旦合法剝奪，則連「特留分」也沒有了！
- 常見的事由包含：對於被繼承人有重大的「虐待」或「侮辱」等。
- 被繼承人於生前即可超前佈署先彙整這些相關「證據」資料，並在生前立一份合法有效的遺囑，於遺囑中明確表示「不得繼承」。

Q：新聞上說，如果能舉證傷害，是可以取消特留分資格。想請問律師，看心理師的病歷紀錄，可以舉證為受到家庭傷害的後遺症嗎？

喪失繼承權的事由，必須被繼承人於生前已經有明確表示，如果無法提出證據證明此一「明確表示」，縱使有「看心理師的紀錄」，仍無法達到喪失繼承權的法律效果。

Q：我孤家寡人，但是堅定絕不願意讓家人繼承我的一切。我的遺囑執行人沒有經濟能力，他能合法動用我的遺產跟主張特留分的人打官司嗎？

遺囑執行人在執行職務時，須先視「遺囑內容」，遺囑內容交代在哪些部分可以動用遺產，遺囑執行人即可以合法動用。

擔任遺囑執行人原則上可以請求「相當的報酬」，遺囑未寫明時，可以向管轄法院提出「聲請」，由法院裁定其報酬數額。

Q：我最信任的人，可以同時擔任我的遺囑執行人、意定監護人、保單受益人嗎？

- 可以，同一個人可以同時擔任遺囑執行人、意定監護人，同時也是自己的保險受益人。
- 除了不能指定法律規定不能擔任遺囑執行人的人選，在自己意識清楚時預立遺囑，皆可依自己的心意於遺囑中指定遺囑執行人。
- 意定監護人並無不得擔任遺囑執行人的規定，自然可以擔任。

Q：在血緣手足帶給我極大傷害後，我更改保險受益人，全部指名給伴侶與閨密。驚聞，我若離世，伴侶閨密因「非家屬」身分，將「無權申請」我的死亡證明，也將因不能出示死亡證明而無法領取受益金？

- 因現行法規並無由「伴侶閨密」直接申請死亡證明的途徑，為避免日後申請死亡證明及領取保險理賠金產生爭議，可預先將法定繼承人與

「伴侶閨密」併列為受益人。

- 可透過「較懸殊」的比例分配作為替代方案。例如：約定由法定繼承人取得百分之十之保險理賠金，由「伴侶閨密」取得百分之九十之保險理賠金。

Q：預立遺囑主要重點是明列動產、不動產分配給誰。但是不是也可以直接指名、排除針對性的繼承人？用以對抗生前惡質的親情關係？

- 立遺囑人本可依其意願以遺囑自由分配財產，惟法定繼承人依法仍得主張「特留分」。
- 除非該法定繼承人具備喪失繼承權事由（《民法》第一一四五條），否則無法完全排除特定繼承人的繼承權。
- 可考慮預留較不具增值性的財產（例如：特定不動產因地點不佳而不具備增值潛力）予該法定繼承人作為其特留分保障，以兼顧立遺囑人意願與法律規定。

Q：哥哥在媽媽過世前把她幾個存摺的錢都挪走，我們認命；現在只請他用印讓我們把帳戶關閉都不配合。身後帳戶不關閉，會造成問題嗎？

- 當事人過世後其名下金融機構存款帳戶是否須辦理關閉，仍應視該帳戶內存款金額多寡，以及未來是否有實際提領或處理資金需求而定。
- 若該帳戶內金額較少，且目前並無實際使用需求，則不一定需要立即去辦理關閉。

後記

聽故事的一年，找善找義找愛的一年

高愛倫

聽了幾十年社區鄰里不孝不肖的傳說，早前不相信其真實性的時候，會駁斥瞎扯，現在觸及真實性的時候，真瞠目結舌無言已對。

二〇二四是聽故事的一年。好多的不可能，竟然那麼輕易的就近在眼前；以前坐在客廳對著電視新聞睥睨那些胡說八道的事，如今明白：原來人生要有很好的運氣才不會與荒唐交鋒。

這本書想透露什麼？茲用一個簡單對話實記，來引導一些人看懂另一些人切身遭遇的感受，同時藉以昭告稍有親情成分的人試著理解：人與人的戰爭，往往不是源自於金錢遭搶奪或物質被剝奪，而是對方角色的刻薄寡情，刺激傷心者產生破釜沉舟的殉情反擊。

你熟悉或聽聞過這樣的事？

爸媽沒有什麼積蓄，一直由女兒獨力照顧，至雙親過世，她既卸重也抓狂，責備胞弟從不探望父母，讓他們晚年充滿悲傷的想念，姊弟齟齬後，沒有婚姻與子女的她說：「以後我什麼都不會留給你。」弟弟輕鬆笑笑：「很抱歉，由不得妳喔！到時候政府就會通知我來繼承妳的所有！」

「就憑這一句話，我一分錢都不能給他，寧願把所有錢都捐出去。」她問我該怎麼辦。正在閱讀的你，是覺得這事有啥稀奇？還是也會跟著火燒頭髮？

沒有選擇順位矛盾的人，對「寧願把錢捐出去」的「寧願」，會產生什麼感覺？又做何解讀？這樣的「立定志向」只是一句狠話？還是哀莫心死的「明志天下」？

父母的財產，終究是他們自己一生奮鬥所得，既然已經克盡養大孩子的倫理責任，隨心所欲自由支配屬於他們的一切，就算心偏一方刻意傾斜，站在行使所有權的角度上來評斷，他們的主觀偏執也還說得過去，至於為什麼這樣不公允，當然就是另一個議題了。

但是晚輩若不甘繼承比例，在失望中走上訴訟，動機是利之所趨？貪之所妄？還是覺得不要白不要，要了才合乎公平正義？這些依法有據的強求強取，寫下親情間越來越洶湧的爭搶騙奪。

比起兩代縱向繼承的紛擾，平輩手足間橫向繼承的戰爭，在家事法庭更是鑼鼓喧天，攪動的怨憎、憤怒、委屈、窩囊，又是另一種風格的驚悚。

兄弟姊妹之間沒有彼此眷養或相互成就的共同歷史，從童年少年青年，到中年老年，除非相處情深，才會發生你情我願的分享、心甘情願的共享，如果欠缺和善關係，少了情義連結，當一個人，只因是無配偶或無子嗣身分，就被法律強迫必須對不親甚至交惡手足保障特留分遺產時，被繼承人撕心裂肺的痛，已經不是著眼金錢歸屬這個焦點，而是「你對我毫無善意，我卻奈何不了任由你整碗端去」的真切羞辱。

二〇二五年五月，台灣遺囑協會發起「是否支持廢除兄弟姊妹特留分」民意調查；三天後，網路湧入七百五十七人次，除了六人表達「保持現狀」，其餘是壓倒性的主張「應廢除」。未來遺囑自由權主張會不會重新立法？不知。但至少，廢除兄弟姊妹特留分的聲浪已滾滾而來。

從新聞留言可以看出，未婚或婚而無子女之民眾，極度不解與反感：為什麼跟自己最親密的配偶，居然因特留分法令，需要分出一半以上的遺產給旁系兄弟姊妹？

這種繼承律法，已完全不符合現代家庭結構與關係人的親疏界線，而且因為明確缺乏社會現實基礎，常導致遺產爭訟。

農業時代捆綁凝聚家庭分子的約束，本屬善意倫理，但如今用在各自落戶獨立人生的Ai世代，除了格格不入，對金錢持有者的強迫制約，簡直等同支持親情搶劫、親密搶奪，製造親人之間比仇人更仇視的敵對情緒。

遺產和特留分，必須是配合生命規劃的「年」「終」獎金，而且像槍裡的子彈，一一上膛卻不必急於一一擊發，所有的安排、發放、傳承、捐贈，都不要天馬行空的進行自以為是的安排，有些受制法令的失誤，會因為善意行為帶來意想不到的傷害。

金錢可以採購親情嗎？就算可以，也不當作如是想。

在家庭財產轉移的過程裡，窮弱富強，並非絕對，而是貪得無厭者最占上風，受不良法條保護的人最蠻橫無理。

在所有聆聽的故事裡，我只聽到一個優美情節，媽媽要把財產分配給兩個哥哥，妹妹分文沒有，其中一個哥哥就跟媽媽說：「如果不分配給妹妹，我的，我也願意放棄。」媽媽衡量，心裡明白沒有貪念的兄妹應當是會比較孝順她的，於是改變分配，果不其然，以為可以「拿較多」的另一個哥哥知道降為三分之一分產比例時，在負氣中拿錢走人。

盼天下人都願相信：「義」是選左選右、選是選非、選黑選白、選對選錯的基本核心。

少了義，什麼歪取歪曲都會發生。

這半年遇到朋友讀者問我新書的主題，因為敘事題材不易以一句話形容明白，我就舉證書中的故事說明，幾乎沒有例外，每一個聽故事的人，都會當即反饋我有關他自己或朋友正在經歷親情搶奪的情節……。

世界倫理的平衡，該當是面對親人友人時，不以施恩示強，而以答謝感恩為敬，讓每一種無條件對待的善良能行事於前，讓每一種善良的結果，被持續看到、被持續感知、被持續加倍奉還。

你若待我真情實愛，我願為你散盡錢財；
你若待我薄情薄義，我會含淚片甲不留。

美好生活 055

親密搶奪，誰在拿走你的錢？

特留分、長照負擔、離婚賠償，23 種人性金錢戰與法律應對之道，有規劃才能守住錢、愛無傷

作　　者／高愛倫、李永然
封面設計／FE Design
封面攝影／陳柏林
內頁排版／邱介惠
責任編輯／何靜芬

天下雜誌群創辦人／殷允芃
天下雜誌董事長／吳迎春
出版部總編輯／吳韻儀
出 版 者／天下雜誌股份有限公司
地　　址／台北市 104 南京東路二段 139 號 11 樓
讀者服務／（02）2662-0332　傳真／(02）2662-6048
天下雜誌GROUP網址／ http://www.cw.com.tw
劃撥帳號／01895001天下雜誌股份有限公司
法律顧問／台英國際商務法律事務所・羅明通律師
製版印刷／中原造像股份有限公司
總 經 銷／大和圖書有限公司　電話／（02）8990-2588
出版日期／2025 年 6 月 4 日第一版第一次印行
　　　　　2025 年 6 月 12 日第一版第二次印行
定　　價／460 元

書 號：BCCN0055P
ISBN：978-626-7713-11-2（平裝）

直營門市書香花園　地址／台北市建國北路二段6巷11號　電話／02-2506-1635
天下網路書店　shop.cwbook.com.tw　電話／02-2662-0332　傳真／02-2662-6048
本書如有缺頁、破損、裝訂錯誤，請寄回本公司調換

國家圖書館出版品預行編目（CIP）資料

親密搶奪，誰在拿走你的錢？特留分、長照負擔、離婚賠償，23 種人性金錢戰與法律應對之道，有規劃才能守住錢、愛無傷／高愛倫，李永然著 . -- 第一版 . -- 臺北市：天下雜誌股份有限公司 , 2025.06
304 面 ; 14.8×21 公分 . --（美好生活 ; 55）
ISBN 978-626-7713-11-2（平裝）

1.CST：民法　2.CST：親屬法　3.CST：婚姻法　4.CST：繼承

584　　114005149

天下 雜誌出版
CommonWealth
Mag. Publishing